保守とネトウヨの近現代史

倉山 満
Mitsuru Kurayama

目次

はじめに……8

序章　自民党は「保守」ではない……13

第一節　戦後「保守」は、アメリカコンプレックスから始まった……14
第二節　戦後「保守」は言論において、左翼に負けっぱなしだった……16
第三節　戦後「保守」は、やがて中国にもコンプレックスを抱く……19
第四節　戦後「保守」の屈折、韓国だけは軽蔑する！……21

第一章　右翼は「保守」と異なる存在……27

第一節　司馬遼太郎は共産主義者ではなかっただけ……28
第二節　三島由紀夫は自分を「保守」だとは思っていなかった……32
第三節　民族派と「保守」団体の違い……38

第二章　「保守」論壇は、ソ連が崩壊しても何もできなかった……43

第一節　憲法九条、東京裁判、教科書……「保守」の一丁目一番地たち……44
第二節　山本七平――デビュー作が外国人になりすまし……48
第三節　小室直樹――「保守」言論人を代表する狂気の天才……53
第四節　「保守」は中曽根康弘に勝手に期待し、裏切られた……59
第五節　「保守」が初めて発言権を与えられた『朝まで生テレビ！』……63
第六節　そのとき、江藤淳は何をしていたか……67

第三章　平成になり、ようやく「保守」が発言権を得た……75

第一節　突破口になりかけた「つくる会」……76
第二節　当初から内紛含みの「つくる会」……79
第三節　「保守」の敵は「保守」……83
第四節　教科書を己の信じる真実を書く場だと思い込む〝純情〟……86
第五節　歴史学界では、〝十字軍〟や〝異端審問〟が日常……88
第六節　小林よしのりを「保守」は敵だと認識している……93

第七節　一貫している「プロ」へのこだわり……96
第八節　「権威よ、死ね」そして「カリスマ」宣言……98
第九節　当時の小林よしのりが命懸けの言論をしていたのは間違いない……101
第十節　「つくる会」を西部邁とともに脱退……105

第四章　拉致と安倍と、「保守」の舞い上がり……109

第一節　北朝鮮拉致は、都市伝説かSFのような扱いだった……110
第二節　「保守」にとって拉致は酒の肴……112
第三節　「保守」に作戦の概念はない……116
第四節　平成十七年九月十七日、この日を境に日本は別の国となった……119
第五節　「保守」は蓮池家バッシングをはじめた……121
第六節　安倍支持の「保守」は小泉純一郎を嫌う……125
第七節　「保守」は四人をのぞいて全員が安倍の敵に……128

第五章　民主党政権が「ネトウヨ」を生んだ……131

第一節　チャンネル桜は「ネトウヨ」の最大手ではない……132
第二節　女性にも広がる「保守」と「ネトウヨ」……136
第三節　「ネトウヨ」が最も嫌いな国は韓国……138
第四節　サイレントマイノリティーからノイジーマイノリティーへ……143
第五節　実力が無くても世に出られるのが「ネトウヨ」の世界……145
第六節　伝統的「保守」の安倍待望論とリフレ派経済学の連結……148
第七節　第二次安倍内閣と「保守」の本質……152
第八節　田母神事件の真相……156
第九節　「ネトウヨ」は言論の正当性など気にしない……159

第六章　天皇陛下に弓を引く「保守」言論人たち……165

第一節　櫻井よしこのグラビア写真集が存在する……166
第二節　『Ｗ・ｉ・Ｌ・Ｌ』の分裂と「保守」のリアリズム……167
第三節　「保守」が誰も信じない日本会議陰謀論……171
第四節　天皇陛下に弓を引く者を「保守」とは呼ばないはずだが……173

第五節　「保守」が、「天皇は憲法を守れ！」と言い出した……180
第六節　杉田水脈は「保守」業界では常識人……184
第七節　「保守」も「ネトウヨ」も、政治のルールをわかっていない……190
第八節　「ネトウヨ」の情緒は強姦も正当化する……193
第九節　「ネトウヨ」は世界中を敵に回すアブナイ人たち……197

終　章　『ムー』化する「保守」と「ネトウヨ」……205

第一節　『ムー』と「保守」「ネトウヨ」の類似性……206
第二節　検察人事に安倍さんは介入していない？……208
第三節　総理大臣への御用インタビューの果てに……211
第四節　言論とメディアの過去現在未来……214

おわりに……218

人物索引……222

はじめに

本書は当初、『保守が語るネトウヨの正体』として企画された。

私自身も、「保守」「ネトウヨ」と目されることが多かった。だからこそ、外部からの視点ではなく、内部の実情を知る人間が「保守」「ネトウヨ」の世界を解説して伝えようとの趣旨である。

言論界では常に負けっぱなしで市民権すら得られていないかのような存在だった「保守」が、二十一世紀に入るや時流に乗って一定の発言権を獲得している。インターネットの普及とともに、「ネトウヨ」も出現した。「インターネットで右翼っぽいことを語る」人々のことである。

では、「保守」「ネトウヨ」とは何だろうか。実は誰も、明確な定義をできていない。たとえば「保守」についてフランス革命以来の思想的系譜を語って定義づけをしたとしても、そこで示された結論が現代日本の分析に有用とは思えない。間違いなく、齟齬(そご)が生じるだろう。

また、「ネトウヨ」と言われる勢力が、インターネットの仮想空間にしか存在しないかと言われれば、事実に反する。むしろ、「ネトウヨ」が社会で発言権を得ているのは、不況極まりない出版界においての存在感によるところが大きい。慢性的な出版不況の中で、いわゆる「ネトウヨ本」がそれなりに売れるからこそ、社会で存在意義が認められている面が強い。もちろん、この場合はインターネット販売のみならずリアルな書店での売り上げ実績に貢献しているのだから、バーチャルな存在としてのみ捉えるのは明らかに誤りだ。

さらに、インターネット番組は「ネトウヨ」と呼ばれる人たちを、公開収録や集会・デモに駆り立てる。こうなるとバーチャルどころか、リアルな存在である。そして、そこに集まる人たちは自分たちを「保守」と認識している。だからこそ、たいていの人は「ネトウヨ」を差別語として忌み嫌う。

外部から「ネトウヨ」と目されている人は、自分を「保守」だと認識している。では、「ネトウヨ」のすべてが「保守」だと断定できるかと言えば、違う。本人たちの自己認識が「保守」であっても、歴史的な「保守」と現実の「ネトウヨ」は明らかに異なる存在である。

もしかしたら、「保守」「ネトウヨ」の定義は、誰にもできないのではないかとすら思えてくる。それだけに関心を持つ人はおり、現代日本の「保守」あるいは「ネトウヨ」に関して分析した論稿・書籍はそれなりにある。

ところが内部の事情を少しでも知る者からすると、事実誤認や評価の誤りが多すぎて、そのすべてが先行研究として使えないのである。

三つの例をあげる。

第一は、灘中学校長である和田孫博の平成二十九（二〇一七）年八月三日の声明、「謂れのない圧力の中で――ある教科書の選定について――」である。

ここでは「保守」「ネトウヨ」の世界を少しでも知る者なら誰一人信じない、「日本会議陰謀論」に言及されていた。

「日本会議陰謀論」の荒唐無稽さは本文で記しておいたが、灘中学の校長までが信じていたのには仰天した。ジャーナリストを名乗る人間が灘中学の歴史教科書選定に不満を持ち、電話や手紙での抗議活動を繰り広げた小さな事件を、日本会議の影響だと見做していたのだ。超進学校の校長が務まる人物が犯すはずの無い誤謬である。正しい知識と情報さえ持ち合わせていないが故の、珍現象であろう。

第二は、最近の話題作である、石戸諭『ルポ　百田尚樹現象　愛国ポピュリズムの現在地』（小学館、二〇二〇年）である。同著はいわば「ネトウヨ」の頂点と目される作家の百田尚樹と周辺関係者へのインタビュー本である。

ところが結論は、「百田尚樹に代表される現象は、新しい歴史教科書をつくる会（略称・つくる会）の系譜上にはない」である。私も、つくる会の理事であるので断言する。百田と「保守」の老舗であるつくる会を系譜上に結び付けるものなど、関係者では一人もいない。

しかもインタビュー本でありながら、百田を語る上で不可欠の人物であるはずの、ジャーナリストの有本香にはインタビューをしていない。有本は百田の代表作である『日本国紀』の出版プロデューサーであり、インターネット番組や講演などのイベントでも〝司令塔〟のような役割を果たしている。そのような関係は、二人のツイッターを眺めるだけでわかる。日頃の百田や有本の関係を少しでも知る人間からすれば、違和感しかない。

当たり前の事実にたどり着いただけ誤った結論を主張する類書よりは評価できるが、外部からの色眼鏡では偏見と思い込みから抜けられないし、取材のツボも見えてこないのだろう。

第三は、山崎雅弘『１９３７年の日本人』（朝日新聞出版、二〇一八年）である。

ここでは、かくいう倉山満が「産経文化人」の如く扱われている。根拠は産経新聞が発行する雑誌『正論』に、かつての私が寄稿していたとの一点である。

ところが、『正論』に登場したのが平成二十五（二〇一三）年である。その後も、一度だけ平成二十九年に『別冊正論』に登場しただけだ。それで、いわゆる「産経文化人」と同列にされても、困るとしか言いようがない。

ちなみに『正論SP　天皇との絆が実感できる100の視座』に書いたときは、先帝陛下の御譲位に関し「保守」が誤った議論を繰り返していた。そこで憂慮した紹介者があって、執筆の機会を得た。だが、その時に担当編集者から「アナタはウチでは公安の監視対象みたいなものだから」と、次に書く機会はないと宣告されて、事実その通りになった。

私も産経新聞を「アレが保守だと思われては困る」と〝激励〟している。私自身、産経新聞に代表される「ネトウヨ」と決別したつもりだが、その経緯も本文に記しておいた。

令和二年夏、長すぎた安倍内閣が終わった。安倍晋三は多くの「保守」が期待した政治家だったが、「ネトウヨ」を狂喜乱舞させただけで、何らめぼしい実績を残せずに退陣した。

なぜなのか。

その理由は、本書を読めば理解できるであろう。

序章　自民党は「保守」ではない

第一節　戦後「保守」は、アメリカコンプレックスから始まった

最初に、自民党政治と「保守」言論界の関わりを、概観しておこう。

戦後「保守」の原点は、当然ながら昭和二十（一九四五）年の敗戦である。そして敗戦とともに大きく四つのコンプレックスが発生した。

戦後「保守」のコンプレックスの第一は、アメリカへの敗北感である。「保守」の憲法論議も、アメリカへのコンプレックスにとらわれ続けている。

日本はアメリカに戦争で負けた。そして、その後も国土を占領され続けている。屈辱的な憲法も押し付けられた。しかし、同時に日米安保条約に基づく在日米軍の駐留や、アメリカの「核の傘」によって、国が守られている。かつての大日本帝国の栄光は消滅し、日本は単なる地名としてのみ地球上に存在することとなった。日本は国際政治に対する発言権を失った。

第二次大戦後の世界は、アメリカとソ連、ソ連の滅亡後はアメリカと中国の覇権抗争によって動いている。日本は、米ソ冷戦、次いで米中の冷戦のはざまで、どちらの大国に従うのかで悩み続けた。現実には日本に米軍が駐留している以上、アメリカに従うしかない。

だが、感情は別だ。

ここに憲法問題が絡む。「保守」にとって日本国憲法とは、第九条がすべてだと評しても過言ではない。「戦争放棄」「戦力不保持」「交戦権否認」は文字通り読めば空想的である。解釈の変更で乗り切るには、無理がありすぎる。だから、現実に適用できるように改正すべきであり、アメリカに押し付けられた屈辱的な内容から脱却した「自主憲法」にすべきであるとするのが、「保守」の主張である。

これは十年一日どころか、何十年一日のごとく変わらない。変わるのは積み重ねられた時間だけだ。現実には憲法論議において「保守」の言論は無力だった。その証拠に、一文字たりとも日本国憲法の条文は変わっていない。時間が経つほど、コンプレックスが増幅されるのは当然だろう。アメリカに対する態度も分かれた。

両極端な立場を二つ挙げる。一つは、何がなんでもアメリカに追随すべしとの立場である。これは現実の日本政府、特に外務省主流派の態度である。政界では吉田茂が代表だと、「保守」言論界では目されている。実際に少なからずの元外交官などは、この立場から「保守」業界で活動している。

もう一つが、アメリカへの批判を軸とする立場である。この立場で「保守」を語る言論人は「自主憲法」「自主防衛」を主張する傾向が強く、政界では岸信介が代表だと「保守」言論界では目されている。実際に、人脈的に連なる場合も多い。

昭和期の「保守」論壇は、この二つの立場の論争が主流で、時に人間関係のもつれにまで至るが、あまりにも複雑すぎるので省略する。

こうしたコンプレックスは、日本人の間に鬱屈した感情が存在するから成立する。だから、国際政治においてアメリカのライバルであるソ連や中国は、日本人の感情に訴えた。そして、時に「アメリカ憎し」で「親ソ（親露）」「親中」に走る言論人すら、昔も今も存在する。それのどこが「保守」なのか理屈の理解に苦しむだろうが、現実には部分的に「保守」的な言動があれば「保守」だと見做されるのが「保守」業界なのだ。

第二節　戦後「保守」は言論において、左翼に負けっぱなしだった

戦後「保守」のコンプレックスの第二は、共産主義者と左翼言論人への敗北感である。

昭和戦後史において、「保守」が味方と頼む自民党は選挙で全戦全勝の政権与党だった。だが、「自主憲法」にも「自主防衛」にも取り組まない。むしろ「保守」以外をも取り込んで、権力を維持することに腐心していた。

自民党が全戦全勝だった理由は多くあるが、その最大の理由の一つが敵の不在だ。昭和三十（一九五五）年、自由民主党と日本社会党が結成された。この両党で国会の九割の議席を占める。ただし、二大政党制ではない。社会党は政権を担当する、意思すら持ち合わせていなかった。だから当初から、「一・五大政党制」と呼ばれた。

社会党は占領期に十か月ほど政権を担当し、責任をとる恐怖を植え付けられた。下野した後の総選挙では実に九十五議席減、党首で元首相の片山哲すら落選するという憂き目を見た。以後の社会党は、政権を目指す意思すら放棄する。しかし、それでは社会党の議員は、何を理由に選挙で支持を求めるのか。彼らは護憲を掲げた。日本国憲法改正は、衆参両院の三分の二が賛成しなければ発議すらできない。だから、衆参いずれでも構わないので、三分の一の議席を確保すればよい。恐ろしく低い目標だ。

こうした野党第一党の最大受益者が、自民党となった。自民党はいかなる手段を弄してでも政権を維持したい。衆議院で五一％以上の議席が欲しい自民党と、衆参どちらでも良いので三四％の議席は欲しいが五〇％はいらない社会党。両党の利害は一致する。特に、社会党のような政権奪取の意欲が無い政党が野党第一党で居座ってくれれば、自民党の権力が脅かされる可能性は無い。現に、保守政党の民社党は伸び悩んだ。

やがて自民党は社会党を支えるべく、金と票を融通し始める。この談合体制は「五五年体制」と呼ばれる。

言論界も、「五五年体制」の影響下にある。政界では「保守」と見做された自民党が常勝で、革新勢力の代表と目された社会党が万年二位の野党であった。逆に、言論界では「進歩的文化人」の集まりである朝日新聞と岩波書店の影響力が圧倒的だった。今でこそ、世界最大の部数を誇る読売新聞が新聞界の雄の地位にある。だが、ソ連が健在であった時代、朝日新聞を読売新聞の格下扱いする者など、少数であった。

言論界の朝日・岩波は、政界の自民党のように圧倒的な存在だった。これがコンプレックスの原因であり、この記憶は令和の現代にも尾を引いている。その時代を覚えている人が長老として健在なのだから、当たり前だろう。また比較的若い中年の支持者も「朝日・岩波絶対」の文化で育ったので、怨念は深い。もはや若い「保守」言論人や支持者の間では、「左翼」「革新」「進歩」といった言葉は死語であり、岩波書店の雑誌『世界』の名前すら知らない者がほとんどだが、「リベラル」に対する憎悪は激しい。

なお、この時代を知る「保守」言論人やその支持者は、「進歩」という単語そのものに極端な敵愾心を燃やす。えてして、「左の反対が正義」式の議論に閉口する向きもあろうが、こうした背景を知らなければ彼ら彼女らの感情は理解できまい。

第三節　戦後「保守」は、やがて中国にもコンプレックスを抱く

戦後「保守」のコンプレックスの第三は、中国への怨念である。

政界では、社会党は「負け犬」の代名詞だった。同じ時代、言論界で「保守」陣営は、左傾言論人に何十年も負けっぱなしだった。

では、どれほど負けっぱなしだったか。いわゆる左傾、進歩的文化人たちの動向を概略のみ述べるだけで、一目瞭然だ。

左傾勢力はソ連を後ろ盾に、アメリカと日本を攻撃する言論を行っていた。ソ連に独裁者・スターリンが健在の時代は、日本の左傾も一枚岩だった。ソ連陣営には、中華人民共和国がアジアの大国として加わる。

ところがスターリン死後、その中ソ両国が仲たがいを始めた。中ソ論争だ。日本の言論界主流は、ソ連派と中国派に割れて激しく罵り合う。

ところがアメリカがベトナム戦争で苦戦しはじめ、世界中の世論を敵に回す様相となると、ソ連派と中国派は野合する。その主張は、「ベトナム擁護」と「アメリカの侵略に加

担する日本政府批判」だ。

そのベトナムがカンボジアに侵攻した際は、左傾は一斉に口をつぐんだ。ところが、ほどなくして中国がベトナムと中越戦争を起こすや、開き直った。

この間、約三十年。「保守」は手をこまねいて、見ていただけだ。朝日・岩波の勢力は圧倒的で、「保守」勢力の発信は国民には届かない。

昭和戦後期においては、言論界の事情に関心が無い一般人から見ると、「保守」も街宣右翼も同類である。非合法活動に手を染めているような右翼すら、時に「保守」的な正論を口にする。たとえば、「ソ連は侵略して奪った北方領土を返せ」との主張は、平成令和の日本人には違和感が無いだろう。だが、「保守」は一般に市民権が認められているとは言い難く、長い冬の時代にあったのだ。

それでも、政権与党の自民党が「保守」の主張を実現してくれるなら、まだ救いがある。「自主憲法」「自主防衛」などは党是のはずだったが、いつのまにか議論すらしなくなっていた。自民党は政権与党でいる為に幅広い層への支持を拡大すべく、理念や政策の拘束が極端に薄かった。国会議員になりたければ、「日米安保条約と資本主義体制に賛成さえすればよい」とされていた。要するに、「アメリカ陣営としてソ連の主張に反対せよ」である。自民党はアメリカの傀儡としての役割を忠実に果たしていた。

ところが、昭和四十七（一九七二）年に、転機が訪れる。時の首相（自民党総裁でもある）田中角栄は、突如として中国を訪問、日中共同声明を発表した。北京政府を中国唯一の正統政府と認め、長年の盟友である台湾を切り捨てた。当時、アメリカはソ連に対抗するために中国と手を組んだのだが、田中ら自民党はその流れに乗ったと言える。台湾は、岸信介の人脈に連なる人々とつながりが深いだけに、「保守」や右翼は激怒した。だが、総理大臣退陣後も「闇将軍」として君臨する田中の前には、蟷螂の斧だ。自民党では中国共産党に近しい政治家が跋扈していく。

なお、田中の北京訪問前、支那事変中の南京事件が政治問題化した。朝日新聞の本多勝一記者が「南京大虐殺」を唱え、「保守」陣営は「まぼろしだ」と反駁した。当然、朝日・岩波全盛期の言論界で「保守」の主張が通るはずもない。

第四節　戦後「保守」の屈折、韓国だけは軽蔑する！

戦後「保守」のコンプレックスの第四は、韓国への軽蔑である。

東アジアにおいて、朝鮮半島は冷戦の最前線だった。それどころか朝鮮戦争では、実際に国土が戦場と化している。

戦後言論界では、ソ連や中国と近しい北朝鮮は「地上の楽園」と賛美された。逆に韓国は軍事政権が長かったこともあり、悪魔化されていた。だから「保守」は必然的に親韓になる。岸信介とそれに連なる人々は、台湾だけでなく韓国とも結びついていた。

転機は、冷戦終結である。冷戦は平成三（一九九一）年のソ連崩壊により、アメリカの勝利に終わった。これにヨーロッパ諸国は歓喜した。

だが、東アジアではどうか。中国はソ連と決別し、アメリカと組んでいた。すなわち、中国は冷戦の勝利者の側にいたのだ。そして北朝鮮も巧妙に立ち回り、敗者の側に立たずに済んだ。それどころか、軍事政権が終了し民主化が進む韓国への影響力を増した。

やがて日本では、爆発的な「韓流ブーム」が訪れる。特に平成十五（二〇〇三）年～十六年にNHKで放映の韓国ドラマ『冬のソナタ』は爆発的なブームを巻き起こす。冷戦の緊張が消え、かつての韓国への悪しざまな罵倒は遠い過去の歴史となった。当然だろう。本国の韓国が親北なのだから、リベラル言論人が批判する理由は無い。逆に「保守」言論人は、「韓国こそ、この世で最も愚かで悪い国」とばかりに罵倒を繰り広げる。そして出版界では、「韓国叩き」が一つのジャンルとして成立するに至る。

この間、自民党はどうだったか。

冷戦最末期、アメリカがソ連と死闘を繰り広げていた時代に長期政権を築いたのは、中曽根康弘だった。中曽根は「戦後政治の総決算」を掲げたが、それだけだった。「保守」は落胆するしかなかった。

田中角栄に代わり、政界の闇将軍として君臨したのが竹下登だった。竹下の影響下にある歴代政権は田中時代と同様の親中政策を続けたので、ソ連崩壊にもかかわらず「保守」にとって冬の時代は続いていた。

ちなみに、マスコミで毎日のように「闇将軍」と書かれ、「田中を叩けば記事になる」と言われた角栄と違い、竹下登はマスコミの好餌となるのを慎重に避けた。だから、「保守」言論人で激しく竹下に噛みついた者はいないし、現代の「保守」言論界では意識すらされない。今では戦後最大の政治家とされる田中角栄や、もはや大半の「保守」にとって「裏切り者」でしかない中曽根康弘に比べ、竹下の存在感は「保守」言論界で希薄だ。

むしろ最近では、まだまだ記憶に新しい小泉純一郎の方が、「保守」言論界では憎悪の対象だ。

小泉内閣の時代は、韓流ブームの勃興と重なる。そしてインターネットが普及した時代であり、「小泉は朝鮮人」などのデマが平気で流れている。小泉はジョージ・ブッシュ大統領と親密な関係を築いたが、インターネット上では「保守」を自称する人々から「アメポチ」と罵倒されるのが常だった。

昭和時代、親米親韓は「保守」だった。だが平成も十年が過ぎ、二十一世紀になると後に「ネトウヨ」と呼ばれる勢力からは、親米親韓は「保守」の敵と認識されるようになる。ちょうど小泉内閣が行った郵政選挙で、岸信介の「保守」の系譜に連なる平沼赳夫らが自民党を追い出されたので、多くの「ネトウヨ」から小泉は売国奴の象徴とまで批判された。

現実の小泉は三十年に及ぶ過度な親中路線を修正した、むしろ「保守」政治家だったのだが。新興の「ネトウヨ」を含む、多くの「保守」は安倍晋三に期待した。その安倍を後継者に育てたのが小泉なのだが、「保守」の有識者の過半、「ネトウヨ」の大半はその事実を知らない。

小泉以後、第一次安倍・福田康夫・麻生太郎の短命政権が続いた。「保守」の大半は、安倍・麻生を味方、福田を敵とする。その後の民主党政権は「最悪」の一言である。

そして現在の、長期政権と化した第二次安倍政権に至る。

こうして概観しただけでも、自民党と「保守」勢力の乖離が読み取れよう。そして歴代政権のほとんどは、「保守」の望む政策は行っていない。それどころか、明らかに非「保守」的な親中政策が、最近四十五年間の主流である。

自民党が行ってきた政策は一部を除いて「保守」ではないし、「保守」言論界にも背を向けている。

いずれの理由にしても、自民党は「保守」ではない。

第一章　右翼は「保守」と異なる存在

第一節　司馬遼太郎は共産主義者ではなかっただけ

　敗戦から二十年、東京オリンピックが終わったころには、「新憲法」が死語になった。日本国憲法が定着したので、もはや「新」とは呼ばれなくなったのだ。昭和四十年代の最初の八年間、総理大臣の地位を独占したのは佐藤栄作だ。佐藤の実兄の岸信介は日本国憲法の改正を生涯の努力目標とし、日米安保条約に基づくアメリカ軍の駐留も暫定的だと考えていた。だが、岸の抱いた自主憲法自主防衛は佐藤内閣で否定され、日本国憲法も在日米軍の駐留も永遠であるかのような前提で政策が採られていく（この点に関しては過去の多くの著作で論じたが、『自民党の正体』ＰＨＰ研究所、二〇一五年を挙げておく）。

　こうした時代を代表する「保守」陣営を代表する言論人と目された代表が、司馬遼太郎である。ＮＨＫ大河ドラマの原作に採用された作品だけでも、『竜馬がゆく』『国盗り物語』『花神』『翔ぶが如く』『最後の将軍　徳川慶喜』『功名が辻』と六本を数える。

　さらに、日露戦争を描いた『坂の上の雲』は大河ドラマを上回る規模で製作され、数年かけて放映された。この作品の影響は大きく、特に戦前日本で英雄だった乃木希典（まれすけ）は「愚将」として評価が定着した。司馬の歴史観は今でも「司馬史観」と評される。

最大のヒット作が『竜馬がゆく』で二一二五万部、二十位の『最後の将軍 徳川慶喜』（大河ドラマ『徳川慶喜』の原作）でも二二〇万部である。ちなみに、現代において最大のヒットメーカーである村上春樹の『騎士団長殺し』が一三〇万部、「保守」業界で最大のベストセラー作家である百田尚樹の『日本国紀』が六五万部である。

司馬はもともと産経新聞の記者で、昭和二十三（一九四八）年に京都支局に入局しているが、この事件の記事を産経新聞に書いたのは京都にいた司馬である。三島由紀夫の小説『金閣寺』の題材となった金閣寺放火事件が昭和二十五年に起きている。

代表作の一つである『坂の上の雲』が、単行本全六巻として文藝春秋から発売開始されたのが昭和四十四（一九六九）年。『坂の上の雲』は、前年から四年間にわたって産経新聞（一時期サンケイ新聞）夕刊に連載された新聞小説である。

司馬の小説は、その歴史観にマルクス主義を採用しない点が画期的だった。たとえば、斎藤道三・織田信長・明智光秀の三人を主人公とした『国盗り物語』は、武将たちの生々しい政争の現実や戦国時代の経済の実態について随所で解説している。マルクス主義のイデオロギーにとらわれずに政治や経済を解説する点が、斬新だった。

だが今では、いわゆる「保守」業界において、司馬の評価は二分される。

まさに『坂の上の雲』が典型だが、司馬作品においては日露戦争までの日本は非常に美化される。しかし、以後の日本近代史、特に昭和初期の歴史に関しては批判的で、しばしば「司馬史観は自虐的だ」と批判される。司馬自身もエッセイで、昭和初期に関して批判的な点を認めている。

司馬が「保守」だと思われたのは、当時の他の言論人のことごとくが、多かれ少なかれ左翼色を帯びていたからだ。特に政治を語る論壇は、左翼と極左の全盛時代である。親ソ派と親中派が大喧嘩している論壇の片隅で、「保守」はひっそりと生息していた。小説家である司馬が大御所だったのは文壇であり、論壇ではない。

当時の言論界が、いかなる状況だったか。一九六〇年頃から表面化した中ソ論争は、一九六八年にソ連がチェコに侵攻したことで様相を変えた。中国はソ連を社会帝国主義と呼び、ソ連は中国を反レーニン・反共産主義として罵り合っていた。これは日本の言論界にも影響する。

たとえば、上山春平という京都大学教授の哲学者は、『大東亜戦争の意味　現代史分析の視点』（中央公論社、一九六四年）などの著書で、先の大戦を肯定的に位置づけようとした。だが、その意図は「親中派」「親毛沢東派」からのスターリン批判である（「大東亜戦争の思想史的意義」『中央公論』一九六一年、『弁証法の系譜――マルクス主義とプラグマティズム』未來社、一九六三年）。「大東亜戦争」などという当時の放送禁止用語を使う上山でこれなので、他は推して知るべし。

共産主義者の批判をしている論者も、共産主義者である。そうした時代にあって、共産主義者ではない司馬が「保守」と目されたのは、自然であった。

司馬の存命中から、批判的だった数少ない「保守」言論人が、福田恆存（つねあり）である。福田は評論家であり、文芸批評家であり、翻訳家であり、劇作家であり、舞台演出家だった。

司馬の重要な主張の一つは、日露戦争中の旅順攻略戦での乃木希典批判であるが、これに対し福田は「近頃、小説の形を借りた歴史読物が流行し、それが俗受けしてゐる様だが、それらはすべて今日の目から見た結果論であるばかりでなく、善悪黒白を一方的に断定してゐるものが多い。が、これほど危険な事は無い。歴史家が最も自戒せねばならぬ事は過去に対する現在の優位である」と一刀両断である（『中央公論 臨時増刊「歴史と人物」』、一九七〇年）。

もちろんこのことばかりが理由ではないが、福田は論壇から干され続けた。福田はイニシャルではあるが明らかにわかる表現で、司馬が雑誌『正論』に圧力をかけて、福田に執筆と講演をさせないように妨害している事実を記している（「問ひ質したき事ども」『中央公論』、一九八一年四月号。なお、このエッセイで福田は、自分が一年も執筆していない事実に気づかない読者にも慨嘆している）。

司馬の歴史観がどれほどのものだったか。これは公開情報になっていないと思うので、特に記す。司馬遼太郎と、ある高名な近代史研究家との対談が企画されたが、司馬の「不愉快だ」の一言で企画が成立しなかったことがある。理由は二つで、司馬自身がプロの研究者の水準にまったく達していなかったこと、もう一つはその研究者が反共の論者だったからである。

つまり司馬の立ち位置は「保守」よりも左であり、「共産主義者でなければレベルが低くても歓迎する」とされた時代の作家なのである。今でも「保守」業界で尊敬される福田からすれば、許し難い存在だったのだ。

第二節　三島由紀夫は自分を「保守」だとは思っていなかった

司馬遼太郎は「保守」よりも左であった。「非共」ではあったが、「反共」ではなく、むしろ「容共」だった。こうした司馬を批判した福田恆存は、自他ともに認める「保守」であった。

そして、三島由紀夫は「保守」よりも右の存在である。今では、「民族派」として扱われている。言い換えれば「右翼」だ。「保守」と「右翼」は重なる部分もあり、時に同じ人物が双方にまたがって活動する場合もあるのでわかりにくいが、異なる存在だ。

三島の命日である十一月二十五日には「憂国忌」が開催されるが、民族派と一部「保守」の合同祭典である。その中で一人、現在は「保守」言論人として活動中の中国評論家である宮崎正弘は、早稲田大学在学中に民族派団体日本学生同盟（日学同）に所属し、三島の薫陶を受けている。

むしろ三島は「保守」に批判的で、極左活動家と手を組もうとしたくらいだ。たとえば、一九六九年五月、東大全共闘との討論会に呼ばれた三島は「諸君が天皇を天皇だと、ひと言言ってくれれば、俺は喜んで諸君と手をつなぐのに」と本気で語りかけている。三島の例はあまりにも有名すぎるが、右陣営の論者や活動家が「保守」を嫌って左と手を組む、という事例は現在でも枚挙にいとまがない。

三島の作風は代表作の『潮騒』や『金閣寺』を一読すればわかる通り、芸術は作品自体で完結すべきであるとする芸術至上主義であった。ノーベル文学賞を受賞するなら三島だと思われており、世界的にも有名な作家だった。それが民族派としての政治活動にのめりこむようになる。そうした、活動家としての三島の文章のいくつかは、現在でも「保守」や民族派の人たちの間で聖典化されている。

その一つが、『中央公論』昭和四十三（一九六八）年七月号で打ち出した「文化防衛論」だ。《守るとは何か？　文化が文化を守ることはできず、言論で言論を守ろうという企図は必ず失敗するか、単に目こぼしをしてもらうかにすぎない、「守る」とはつねに剣の原理である》のような表現は、街宣車に乗って街頭で軍歌を流しながら演説している民族派が金科玉条（きんかぎょくじょう）としたくなる主張だろう。しばしば民族派は「保守」を「行動しない」と批判するが、三島は嚆矢であり今では神格化されている。

民族派の中には、戦前に二・二六事件のような直接行動（＝被害者の側からするとテロ）を起こした人脈を継ぐ団体もある。特に昭和十一（一九三六）年に引き起こされた陸軍のクーデター未遂事件である二・二六事件は、民族派と一部の「保守」の間で極端に美化される傾向がある。その筆頭が三島だった。三島は事件の鎮圧を命じた昭和天皇への憎悪をむき出しにしていく（『英霊の聲』河出書房新社、一九六六年）。

二・二六事件を引き起こした陸軍の青年将校は、「昭和維新の歌」を愛唱した（正式な名称は「青年日本の歌」。作詞者は五・一五事件の首謀者である三上卓。戦後も右翼の大物だった)。その中に、「権門上に傲れども」「盲たる民世に踊る」とある。三島と彼を崇拝する民族派の心境そのものである。政権与党である自民党や日本国民そのものが絶望の対象でしかない。

ちなみに昭和四十三年の第八回参議院議員選挙において、作家としては明らかに格下の石原慎太郎が、自民党公認で全国区に出馬し、記録的な三百一万票を獲得して当選した。東京都知事を三期務め政治家として成功し、保守政党である次世代の党党首を務めた石原は、今では「保守」として一定の尊敬を集めているが、そんな石原の存在も三島からすれば現実の日本に絶望する卑近な理由にすぎなかった。

三島の最晩年に当たる昭和四十五（一九七〇）年七月七日付けサンケイ新聞夕刊に投稿された「からっぽな日本」は、民族派のみならず「保守」業界においても聖典のごとく扱われる。

私はこれからの日本に大して希望をつなぐことができない。このまま行つたら「日本」はなくなつてしまうのではないかといふ感を日ましに深くする。日本はなくなつて、その代はりに、無機的な、からつぽな、ニュートラルな、中間色の、富裕な、抜目がない、或る経済的大国が極東の一角に残るのであらう。それでもいいと思つてゐる人たちと、私は口をきく気にもなれなくなつてゐるのである。

この部分は、何人の「保守」の論者が何回引用したであろうか。興味があって「保守」の集会に来た若者が懇親会に参加すれば、同席した古参の老人がこの部分を暗唱して聞かせるなど、日常茶飯事の光景である。なお、そのような席で若者に自分の意見を表明する自由など無く、相槌を打ちながら御説拝聴するのが「保守」業界での作法である。

天皇、自民党、日本国民に絶望した三島の最後のよりどころとなったのは、自衛隊だった。ただし三島の場合は、街宣車に乗って声を上げるどころではなかった。

昭和四十五（一九七〇）年十一月二十五日、三島は陸上自衛隊市ヶ谷駐屯地に乱入して旧知の益田兼利総監を拘束、バルコニーに立って檄文（げきぶん）を撒きながら演説した。「今こそわれわれは生命尊重以上の価値の所在を諸君の目に見せてやる。それは自由でも民主主義でもない。日本だ。われわれの愛する歴史と伝統の国、日本だ。これを骨抜きにしてしまった憲法に体をぶつけて死ぬ奴はゐないのか」と。いわゆる「三島の檄文」「檄」である。

三島はバルコニーで「日本国憲法に体当たりして死ぬやつはいないのか、貴様たちは武士だろう、自分たちを否定する憲法に従っていいのか」と訴えたが、拡声器を使用しておらず、ほとんどの自衛官に、その内容は伝わっていない。あくまでも一部の自衛官が共感したのみだった。そして誰一人決起などするはずがなく、割腹自殺する。

三島は何がしたかったのか。三島を崇拝する民族派と一部の「保守」は、この計画性の無さを芸術至上主義の中で位置づける。私（倉山）などは、作家としての三島と活動家としての三島を分けて評価すべきだと説くが、聞き入れられた記憶が無い。

今となっては推し量るしかないが、生前の三島は心境を告白している。

三島の親友だった教育評論家の伊沢甲子麿（きねまろ）が「三島さんが革命を志してどこかに斬り込んでも、天才の文学者が気がふれたといわれるだけですよ」と諭したところ、「そうだろうな、狂気の意味について、くだらない批評家がいろいろなことを書くさ。佐藤栄作は、おれを気ちがいだと言うだろう」と答えたという（村松剛『三島由紀夫の世界』新潮社、一九九六年）。事実、事件後に佐藤栄作は官邸で記者団に囲まれ、「三島は気が狂ったとしか考えられぬ」と語った。日記には、「惜しい人だが、乱暴は何といっても許されぬ」と残している。

ちなみに司馬遼太郎は事件の翌日、毎日新聞に「異常な三島事件に接して」という題名で寄稿し、政治的な意味を持たせることに異議を唱えていた。

第三節　民族派と「保守」団体の違い

民族派は、街頭行動を主に活動する。たとえば二〇〇六年設立の在特会（在日特権を許さない市民の会）は、この意味で「保守」ではなく民族派だ。在特会の「保守」への憎悪は激しい。

最近でも東京都知事選挙に立候補した代表の桜井誠は、「保守」業界で最大手のインターネット番組『虎ノ門ニュース』の生放送に、街宣車で駆け付け拡声器で演説したので、番組が一時中断した。出演者で経済評論家の上念司が数年前に批判的な言動をしたのが許せないとの理由だった。ここでも桜井は、上念に代表される「保守」を、「口先だけ」と罵倒した。

『虎ノ門ニュース』の視聴者にも桜井の支持者はいるし、在特会の支援者にも上念のファンはいる。しかし、重なる部分はあっても、当人同士は民族派と「保守」は異なる存在であると認識している顕著な例である。

民族派の団体に属する人が「保守」の集会に来ることはあっても、その逆はほとんどない。ただし、「保守」系文化人が民族派の集会に呼ばれることはある。

個人の体験で言うと、特撮映画を題材とした文化評論で知られる切通理作（きりどおし）に私が最初に会ったのは、一水会という民族派団体の講演会だった。その時の演者は酒井信彦東京大学史料編纂所教授であり、演題は本業と無関係のチベット問題だった。酒井などは、「保守」と民族派の双方にまたがる活動をしているが、異色である。

たいていの「保守」にとって民族派集会への参加は、外国へ出かけていく感覚である。

保守と民族派は、毛色がかなり違う。日本最大の「保守」団体である日本会議の集会に特攻服を着た民族派の人が来ることもあるが、「異邦人（お客さん）が来た」という感覚だ。決して「仲間が来た」という感覚ではない。私が、日本会議に支持されていた次世代の党のタウンミーティングで講演会をした時に、特攻服を着た明らかに民族派団体の構成員が来たこともある。主催者が集客の為に呼んだのだが、観客はあからさまに違和感を抱いていた。

また、民族派右翼の中には、非合法活動を公言している人もいる。名は伏せるが、「倉山のような合法活動を前提としている人間と話が合うはずがない」と真顔で論評されたこともある。その人は世間では「保守」と目されているが。

右翼だからと必ず非合法活動に手を染めている訳ではないが、世間の視線はある。警察は、非合法活動を前提としている団体を監視しているが、彼らはどう見ているだろうか。

警察にとって、「保守」は基本的には監視対象ではない。なぜならば、非合法活動を前提としていないからだ。一方、目立つ活動をする民族派は監視対象だと思っていて間違いない。また、非合法活動が前提であると公言する人間が「保守」の集会に現れた場合には、公安は当の集会に一参加者として入り込み、その人間を監視する。

これも経験談だが、私が参加していたある研究会に、過激な言動をする右翼的な思想の人物が紛れ込んできたことがある。ほぼ同時に参加した人物からは、某県警「公安」の名刺を差し出された。しかし、ほどなくして紛れ込んだ人物が来なくなると、「公安氏」は参加しなくなった。おそらく、「右翼氏」を監視していたのだろう。

日本会議のような「保守」の団体と親和性が高い宗教団体が、幸福の科学と統一教会である。日本会議は、全国四十七都道府県すべてに本部を持つ広域団体だ。その下の市町村に二百四十以上の支部がある。さらに、複数の「保守」団体の連合体でもあり、その中でも神社の集まりである神社本庁は中枢団体である。日本会議にとって、幸福の科学や統一教会は明らかに異邦人である。「保守」の業界では、「幸福」「統一」は単なる略称ではなく蔑称の場合もある。

ただし、日本会議の集会に「幸福」「統一」の信者が参加してくることもあるし、時に運営に関わって支部の幹部になることもある。そうなった場合には、支部ごと監視対象になる。ただし、それは護衛の意味も兼ねている。

最近は民族派右翼も「保守」の看板で、インターネット放送を行うこともある。意図的に「保守」との境界を曖昧にする街宣右翼まで出現した。

中の世界の人間すら区別は難しいのだから、外部からは「保守」と民族派を定義するなど不可能に決まっている。

第二章

「保守」論壇は、ソ連が崩壊しても何もできなかった

第一節　憲法九条、東京裁判、教科書……「保守」の一丁目一番地たち

試しに、分析してみよう。民族派と「保守」は、思想的にどう違うのか。

民族派は、戦後の原点を「YP体制」とする。昭和二十（一九四五）年二月に行われたヤルタ会談と七月のポツダム会談で話し合われた体制、すなわち第二次大戦の戦勝国が日本に押し付けた体制が戦後体制だとする考え方だ。

一方、「保守」の一丁目一番地は、日本国憲法と東京裁判である。占領軍に押し付けられた日本国憲法の特に九条、及び戦前日本を悪と断罪した東京裁判に基づく歴史観（東京裁判史観）こそが、戦後体制だとする考え方だ。

この分析が、いかに無意味か。日本がポツダム宣言を受諾して敗戦と占領を受け入れ、日本国憲法が制定され、東京裁判が行われたのだから、起点を決めつける議論には意味があるはずがない。だから、誰が「YP体制」を唱えているか、あるいは「東京裁判を問題視しているか」などの人脈を整理しても意味がない。そもそも「一番地」と言いながら、憲法九条と東京裁判史観の二つである。当事者が論理では動いていないのだから、何かの定義に基づいて事象を整理する演繹法は、戦後「保守」の分析において無意味なのである。

とにもかくにもポツダム宣言に基づく占領体制は、一九五二年サンフランシスコ平和条約によって終わりを告げた。この条約と同時に日本は、米日安全保障条約による米軍駐留を受け入れた。自分の国をアメリカに守ってもらい、日本国憲法を堅持する。その代わり、軍事負担が極端に軽減され、経済政策に邁進できる。時の首相の吉田茂は一時的な政策だと考えていたが、いつのまにか「軽武装・経済成長」は保守本流が守るべき教義の如く扱われていた。これは、はるか後年になって、永井陽之助『現代と戦略』（文藝春秋、一九八五年）によって「吉田ドクトリン」と名付けられた。

吉田が結んだサンフランシスコ平和条約にも問題はあったが、それでも戦前日本の断罪は東京裁判の判決で打ち止めのはずだった。敗戦国の日本が国際社会に復帰するにあたって、戦前日本を善だと主張することもできないが、歴史問題の蒸し返しをしないと約束させた条約でもあった。ところが自民党政権は、これを自ら蒸し返してしまった。

いわゆる「教科書問題」である。

昭和五十七（一九八二）年六月二十六日、主要六大新聞全紙が「教科書検定で『侵略』を『進出』と書き換えさせた」と報じた。実は誤報だったのだが、訂正・謝罪したのは産経新聞だけだった。それどころか発端は、朝日新聞の記者による中国と韓国への密告だった。事実関係は石川水穂「教科書問題の発端『世紀の大誤報』の真実」(『正論』二〇〇一年六月号)が詳しいので、以下依拠する。

当時の中韓の指導者は鄧小平と全斗煥。鄧と全は、それぞれの国で歴史的に稀有な親日政策を採っていた。当然、中国や韓国の非主流派は不満である。そこに歴史問題が持ち込まれた。非主流派は政争の具にして騒ぐ。中国にしても韓国にしても、「反日」は時の権力者に対して堂々と主張できる大義名分である。いかに鄧や全が独裁者といえども、日本が歴史問題を仕掛けてきた場合に弱腰であれば、反対派に攻撃の口実を与える。鄧も全も、日本の「教科書書き換え」に対して、一応は抗議してきた。ただ、口では歴史問題を汚く罵りつつも、内政問題である。日本は、当然ながら突っぱねるだろうと思っていた。むしろ突っぱねてくれれば、鄧も全もそれ以上騒ぐ必要が無く、好都合だった。こうした鄧小平の論理は、岡田英弘『妻も敵なり――中国人の本能と情念』(クレスト社、一九九七年)が詳しい。また、全斗煥の立場に至っては、木村幹「第一次歴史教科書紛争から『克日』運動へ:全斗煥政権期の対日観の変化についての一考察」(『国際協力論集』第22巻第1号、二〇一四年)の評する、「北朝鮮を支援する中国は仮想敵以外の何者でもなく、この中国と連携して同じ西側陣営に属する日本を叩く政治的意味は存在しなかった」が適切だろう。

ところが、鈴木善幸内閣（宮澤喜一官房長官）は、謝罪。さらに、教科用図書検定基準に近隣諸国条項を追加した。「日本政府は今後、子供たちに教える教科書では近隣諸国（つまり中国と韓国）に配慮した表現以外は認めない」と宣言したのだ。日本政府はサンフランシスコ条約で封じ込めた「東京裁判史観」を、自ら解禁した。

そして中国と韓国の歴代指導者も、事あるごとに日本に歴史問題を持ち出して抗議しなければならなくなる。仮に前任者よりも日本に対する姿勢を後退させれば、軟弱外交との誹りは逃れられなくなり、己の立場を危うくする。教科書問題は、「日本のマスコミが騒ぎ、中韓の政府が抗議し、日本が折れる」という外交儀式の嚆矢となった。

東京裁判の対象時期は昭和六（一九三一）年の満洲事変から敗戦までである。だが、教科書（主に歴史教科書だが、他の科目にも及ぶ）全体で中国と韓国に配慮するとなれば、断罪する対象はすべての時代となる。

当時は知られることが無かったが、後に密告したのが朝日新聞の記者だとわかると、「保守」の陣営には憎悪が駆り立てられた。小室直樹や渡部昇一といった当時の「保守」言論人は、死ぬまで教科書問題の経緯を繰り返し本に記述した。その世代の読者は健在であり、その人たちの少なからずが「ネトウヨ」に流入している。

現在の「ネトウヨ」が、チャイナ・コリア・朝日新聞に対しては何をやっても許されるとの、宗教戦争の如き怨念を抱いている原点は、教科書問題なのである。

第二節　山本七平――デビュー作が外国人になりすまし

なぜ、教科書問題が重要なのか。「保守」が問題にするような争点は国内問題にすぎなかったが、以後は国際問題となったからである。

それ以前にも自民党が「保守」の神経を逆なでした事件はいくつもあった。

たとえば、昭和五十（一九七五）年八月十五日の三木武夫首相による靖国神社私的参拝である（この一件の詳細は、小著『政争家・三木武夫』講談社、二〇一六年を参照）。自民党内ではリベラル（当時の言い方はニューライト）と目されてきた三木は弱小派閥の領袖で、党内基盤が弱い。そこで党内タカ派若手集団の青嵐会の求めに応じて、八月十五日に靖国神社へ参拝した。三木は公式参拝を拒否し私的参拝にこだわったことでかえって青嵐会や在野の「保守」勢力を怒らせたが、それだけだった。この件は、まったく国際問題にはなっていない。

昭和五十年代、「保守」が期待した政治家は福田赳夫だったが、日中友好推進派の田中角栄との政争で全戦全敗の惨状だった。あまつさえ福田は、自分の内閣で日中平和友好条約の締結を田中派に強要される始末だった。「保守」は福田に期待したが、惨憺たる状態と化した。その象徴が、栗栖弘臣統幕議長解任事件である。

昭和五十三（一九七八）年、『週刊ポスト』（七月二十八日・八月四日号）において栗栖は、「現行法には不備があるので、有事において自衛隊は超法規的に行動せざるを得ない」との趣旨の発言を行った。事実その通りなのだが、マスコミの好餌となった。野党も騒ぐ。これを福田は守り切れず、金丸信防衛庁長官によって辞表提出を強要された。金丸は親北朝鮮派の印象が強いが、それは晩年の話である。当時の金丸は自民党国防族の実力者で、むしろ「保守」の期待の星だった。その金丸が問答無用で栗栖を更迭した。

こうした光景を、当時の「保守」は当たり前の如く受け止めていた。言論界では冷静な議論はできない。そして、言論界のヒステリックな議論が政治に持ち込まれれば、自民党は守ってくれない。

福田は岸信介の正統後継者のはずだが、あまりにも弱かった。このように、政界に橋頭堡が無く、言論戦でも「保守」は負けっぱなしだった。ただし、あくまで国内問題であり、いずれも国際問題にはなっていなかった。いわゆる「南京」論争などは、親中派言論人が惹起したが、当の中国政府の方が外交問題化して長引くのを警戒していたほどだ。だから、一九七二（昭和四十七）年の日中共同宣言の時点において、歴史問題は深刻化していない。既に「南京大虐殺三十万人」は、朝日・岩波無敵の状況の学界でも論壇でも定着しており、何を言おうが蟷螂の斧だった。大宅壮一ノンフィクション賞を受賞した、鈴木明『「南京大虐殺」のまぼろし』（文藝春秋、一九七三年）などは、丁寧な取材と冷静な論理構成で当時の論壇主流派の論理矛盾と虚構に基づく報道を描いている。だが、こういう丁寧な仕事は、「保守」論壇では少数だった。そして「保守」自体が世間の片隅で逼塞していた。

孤高の論客として知られたのが、山本七平である。山本は評論家で、自身で「山本書店」を立ち上げて「保守」言論を続けた。その名を「山本七平賞」に残し、ＰＨＰ研究所の主催で、「保守」の言論人が表彰されている。

圧倒的多数の朝日・岩波勢力に対し、超少数派の山本は孤高の戦いを続けた。そして、山本は目的の為には手段を選ばなかった。

山本のデビュー作は、イザヤ・ベンダサン『日本人とユダヤ人』（山本書店、一九七〇年）である。翻訳ではない。偽名での執筆である。

山本は『日本人とユダヤ人』以前は、翻訳家として活動していた。やがて本名において評論活動を行い、『私の中の日本軍』（文藝春秋、一九七五年）、『「空気」の研究』（文藝春秋、一九七七年）、『現人神の創作者たち』（文藝春秋、一九八三年）、『洪思翊中将の処刑』（文藝春秋、一九八六年）と、自身の軍隊体験に基づいた日本論を展開している。山本は繰り返し、日本人は「空気」に支配されて不合理な行動に至ることが多いと主張し、「日本教」と名付けた。キリスト教やユダヤ教などの宗教の他に、古典や歴史の素養が広く、小室直樹との対談本である『日本教の社会学』（講談社、一九八一年）のように、「空気」「日本教」は山本の生涯のテーマであった。

山本は、同じ「保守」言論人の間でも評価が高い。たとえば、山本の死の翌年には、小室直樹『日本資本主義崩壊の論理　山本七平〝日本学〟の預言』（光文社、一九九二年）、谷沢永一『山本七平の智恵　日本人を理解する75のエッセンス』（ＰＨＰ研究所、一九九二年）と、山本個人の名を冠した著作が出版されている。小室は当時の「保守」言論人で随一の博識と尊敬された政治学者であり、関西大学教授だった言語学者の谷沢も「保守」論壇で大御所の地位にあった。また、朝日新聞記者から評論家に転じ、大著『「悪魔祓い」の戦後史　進歩的文化人の言論と責任』（文藝春秋、一九九四年）で、朝日岩波系の論者を片っ端から舌鋒鋭く批判した稲垣武も、『怒りを抑えし者【評伝】山本七平』（ＰＨＰ研究所、一九九七年）で、山本を高く評価している。他にも山本の伝記や評伝は多い。これほど評価されている「保守」言論人は、そう多くない。

その山本が、事実上のデビュー作では「偽名」での執筆を選んだ。『日本人とユダヤ人』は、ユダヤ人の著者が日本人の特異性を指摘する内容だ。特に憲法九条の平和思想に染まっている現代日本人の特異性を、危機意識が強いユダヤ人が指摘する内容となっている。「日本人は水と安全はタダだと思っている」のセリフは、あまりにも有名となった。

だが、「ユダヤ人は身の安全の為に高級ホテルに泊まり、ひもじい食事に耐える」などのありえないエピソードの数々には、多くの批判が寄せられた。そして、ユダヤ人であるはずの著者からは、異様に早い日本語での反論が届く。こうした不可思議な事実は、「保守」業界以外への説得力を無くした。浅見定雄『にせユダヤ人と日本人』（朝日新聞社、一九八三年）は、イザヤ・ベンダサンこと山本七平による事実関係の誤りの集大成である。

現在、「保守」業界において山本は、圧倒的多数の進歩的文化人と孤独に耐えながら戦った偉人の如き扱いをされている。実際、意義ある著作も多い。だが、『日本人とユダヤ人』は「なりすまし」であり、自己の主張を強調するために読者を騙し扇動した。小遣い稼ぎの売れない本ならば見逃される悪事も、話題作ましてや大ベストセラーになれば世間の批判を浴びるのは当然だろう。自説に説得力を持たせるために外国人の名義で言論活動を行うのは、かつての「保守」業界では珍しくなかった。

では、なぜ力量がありながら、堂々と自分の名前で勝負せずに外国人になりすますなどと姑息な手段を使ったのか。

理由は一つ。圧倒的な勢力を誇る敵と戦うためならば、何をやっても許されるとの風潮が、「保守」言論人には存在したからだ。何を言ってもかき消される。実際に、かき消され続けた。しかし、日本人は外国人に指摘されると弱い。だから、外国人の名前を騙(かた)って言論を行ったのだ。

こうした、当時の「保守」陣営の、正論が通らないとの追い詰められた意識は、理解しておく必要があるだろう。

第三節　小室直樹――「保守」言論人を代表する狂気の天才

私の話で恐縮だが、「平成の小室直樹」と評されることが多い。自分自身は猫好き以外に大きな共通点は無いと思っているのだが。

それはさておき、小室は批判され、素行をあざけられ続けながらも、その博識を恐れられていた。左右両陣営を問わず。小室の逸話は、村上篤直『評伝 小室直樹（上下）』（ミネルヴァ書房、二〇一八年）に詳しい。

その博識と奇行を象徴するエピソードを、ジャーナリストの堤堯（後に『文藝春秋』編集長）が村上への書評で紹介している。小室は時間にルーズで、若い頃の堤が迎えに行き、名刺を差し出した後の話だ。

「君の名はギョウと読むのか、タカシと読むのかね」

「鼓腹撃壌の堯です」

「堯、舜、禹、桀、湯、紂……」

歴代中国皇帝の名を延々と諳んじ、対談のホテルに着く頃には毛沢東に及んだ。

タクシーに乗っている間、延々と中国歴代皇帝の名前を暗唱していたという。小室の著書には難解な漢文の引用が多い。ちなみに鼓腹撃壌とは中国の堯の時代、人民は平和で不満のない生活に満足していたという故事から、世の中が平和なことのたとえである。

小室は、京大理学部を卒業した後、阪大大学院経済学研究科で高田保馬、森嶋通夫、市村真一ら、当時第一級の経済学者に師事する。その後、フルブライト留学生としてアメリカに渡り、特にMITでは、ノーベル経済学賞受賞者のポール・サミュエルソンに直接指導された。アメリカでは、社会学・心理学・政治学も学ぶ。帰国後は東大大学院法学政治学研究科で、丸山眞男、京極純一、篠原一といった政治学者の他、社会学者の川島武宜や人類学者の中根千枝の指導を受けた。ちなみに、政治学の丸山と経済学の森嶋は進歩的文化人の頂点とされる。

ただ小室は、大学では職を得られず、論壇に活動の場を求める。一時期はテレビにも出演していた。ところが、暴行暴言事件を起こして、降板させられてしまう。昭和五十八（一九八三）年一月二十六、二十七日のことである。

小室はワイドショーの生放送で、コメンテーターの小沢遼子に暴力を振るった。怪我をさせるような大仰な振るい方ではないのでお咎めなしだったが、翌日の番組では「政治家が賄賂を取って何が悪い」「国の為になるなら人殺しも許される」などと暴言を連発。危険人物として、テレビ業界から排除された。小沢が田中角栄の悪口を言った、という子供のような理由だった。

当時、政界の「闇将軍」として時の総理大臣の首を思いのままに挿げ替え、政治を恣（ほしいまま）

にしていた田中は、毎日のようにメディアからバッシングを受けていた。同時に、田中自身が刑事被告人となっていた、ロッキード事件の判決が近づいていた。社会党などは「御用」と墨書きした提灯行列で目白の田中邸に押し掛けるなどのパフォーマンスで、世論を煽っていた。

田中角栄の政治家としての評価はともかく、ロッキード裁判自体は暗黒裁判であった（この点に関しては、小著『検証　検察庁の近現代史』光文社、二〇一八年に詳述した）。小室は「裁判官と検察官がグルである！」と主張していたが、その評価は歴史的に見れば正しい。ただし、その評価が同時代に受け入れられたかは別である。

当時のマスコミ・論壇では、田中悪玉論が圧倒的だった。五五年体制では、政界では自民党が常に与党だが、言論界では自民党批判が優位を占める。田中の闇将軍としての権勢と反比例するように、田中批判が圧倒的だった。その中で小室、あるいは後に「保守」論壇の重鎮となる若き日の渡部昇一らは多勢に無勢ながら孤軍奮闘した。

小室や渡部らの前に立ちはだかったのが、高名な評論家である立花隆である。立花は昭和四十九（一九七四）年、『文藝春秋』で田中角栄の金脈を取り上げ、田中内閣を総辞職に追い込むきっかけとなった人物だ。田中批判の第一人者である。一般の人には、「保守」

と反社会的な右翼の区別がつかない時代だ。「金権田中を批判する正義の味方」と見られた立花と、どちらに支持が集まるかは、火を見るより明らかだった。

さらに法律家は、政治学者の小室や英語学者の渡部を「素人」と揶揄する。東大法学部博士の小室はともかく、英語学者の渡部はこの点で特に槍玉にあげられた。言論の正当性に専門は絶対ではないはずだ。何より、立花とて東大文学部卒で法律の専門家ではないが、そこは問われない。明らかに理不尽である。当時の「保守」の目から悲惨な言論状況と見えるのはやむを得まい。

小室の怒りが爆発した社会的背景、そして置かれた言論状況は、「保守」にとって悲惨としか言いようが無かった。

それにしても小室は、博覧強記の天才ぶりと紙一重の狂気をはらんでいた。

その天才ぶりが注目されたのが、ソ連崩壊を的中させたことである。小室の代表作である『ソビエト帝国の崩壊　瀕死のクマが世界であがく』（光文社、一九八〇年）は、発表当時は「狂人のタワゴト」「受け狙い」との評価が一般的だったが、今では過程も含めてソ連崩壊を予言したと評価されている。

改めて読みなおすと、言われるほどプロセスまで的中させているかは疑問だが、ソ連礼賛一色の言論界で、学術的根拠に基づいて「ソ連崩壊」を主張した点は言論界の金字塔であるのは間違いない。

根拠で特に重要なのは、スターリン批判でアノミー（無連帯）が引き起こされた点の指摘だろう。アノミーとはフランスの社会学者のエミール・デュルケムの造語で、小室が多用した概念である。小室はこの社会学の概念を用い、「人は他者との関係が失われ完全な孤独に陥ったときに自殺する。国家も同じで、神の如く崇めていたスターリンが悪魔の如き人物と知ったソ連は崩壊に至る」と論証した。

この指摘の重要性は、中国でいまだに毛沢東批判がタブーである一事で理解できる。中国で毛沢東批判が解禁されれば、あるいは北朝鮮で金日成に対し同じことが許されれば、何が起きるかは容易に想像できよう。

もっとも、小室はソ連崩壊の年に、『ソビエト帝国の復活　日本が握るロシアの運命』（光文社、一九九一年）を著している。こういうところが、何を考えているのかわからない、得体のしれない人物と思わせたのだった。

第四節　「保守」は中曽根康弘に勝手に期待し、裏切られた

昭和五十七（一九八二）年、「保守」の期待を背負った中曽根康弘が政権に就いた。当初こそ「田中曽根内閣」と揶揄された田中角栄の傀儡だったが、田中が病気に倒れ派閥を竹下登に奪われた頃から独自性を発揮していく。結果的に三公社民営化（JR・NTT・JTの創設）をやり遂げ、約五年の長期政権となった。

中曽根は「保守」勢力に媚びるかの如く、「戦後政治の総決算」を言い出した。当然、「保守」は憲法改正に着手すると信じた。長らく「保守」を足蹴にし続けた自民党に代わり、政界における「保守」の橋頭堡は第五党の民社党となっていた。中曽根内閣発足の一か月後、民社党若手エースで後に委員長となる大内啓伍が問いただしている（第九十七回国会 衆議院 予算委員会 第二号 昭和五十七（一九八二）年十二月十四日）。

中曽根が「機が熟していない」のを理由に自分の内閣では改憲を提案しないと述べたことに対し、大内は「では長期政権になり機が熟せば」と畳みかける。これに中曽根が「長期政権にでもなって……」と口にした直後、大内は「佐藤内閣のように七年八カ月も続いたときには、それは政治日程に上せることもある、そういう意味ですな」と切り込んだ。

これに中曽根は「まずそんなに続くことはないと思いますから、御心配ないと思います」と茶化して終わらせた。

政権発足直後でもあり「保守」陣営は厳しく追及しなかったが、そして、中曽根は本当に憲法改正に取り組むことはなかった。改憲はリップサービスにすぎなかったのだし、「保守」が勝手に中曽根に期待して騙されただけの格好だ。

憲法改正ができなくても、防衛費を増やすならば、救いがある。自民党結党の党是は、「自主憲法」「自主防衛」である。自主憲法は自主防衛の手段だ。ところが、防衛費一％枠の突破を宣言したは良いが、一・〇〇四％に増やしただけだった。NATO諸国は平時基準で二％、ソ連との冷戦激化で五％超えが当たり前の時期に、である。

中曽根は「保守」の靖国問題も、こじらせた。

中曽根は全閣僚揃って、昭和六十（一九八五）年に靖国神社に公式参拝した。防衛費一％枠も靖国神社私的参拝も、三木内閣の決定だ。中曽根はニューライトの三木を引き合いに出し、己の「保守」ぶりをアピールした。では中曽根の本音は、どこにあったか。

令和元（二〇一九）年、中曽根康弘寄託文書が、国立国会図書館憲政資料室で公開された。それによると、神道を奨励したり、他の宗教を妨害したりしようとしていると受け取られないように、「⑴昇殿はするが奥には入らない ⑵二礼二拍手一礼しない ⑶神職のお祓いも受けない」との参拝形式を決めた。完全に神道の儀式を踏みにじっている。実際に中曽根は、手水も使わなければ二礼二拍手一礼もせず、お祓いも拒否した。

さらに言うと、翌年には中国の胡耀邦が困るとの理由で取りやめにしている。

朝日・岩波ら革新勢力は、中曽根を「保守」だとして徹底的に批判した。では中曽根に、「保守」の実態があったか。中曽根は「保守」を一定の票田だと見做して、パフォーマンスを繰り広げていたにすぎない。憲法改正は最初からやる気が無かったし、防衛費も申し訳程度に増やしただけだ。

靖国に至っては、「保守」の魂を踏みにじっている。「保守」の人たちにとって靖国神社は聖なる場所であり、神道の儀式は大切にされる。ところが、それを中曽根は無視した。現実の中曽根康弘は、「保守」でもなんでもなかった。しかし、三木武夫がやったことを少しばかり否定し朝日新聞や岩波書店に批判されれば、「保守」という印象だけは強くなる。ならば、もう少し踏み込んでも構わないのではないかとの疑問が浮かぶだろう。

中曽根は、現職総理大臣なのである。朝日新聞や岩波書店の批判など、恐れる必要はない。言論界においては朝日や岩波の勢力は圧倒的だが、政界における現実の権力は中曽根の手中にある。また、当時の三木武夫など半引退状態であり、恐れる必要はない。

では、中曽根は何に遠慮したのか。一つは政界の闇将軍であった田中角栄である。田中の背後には中国がいる。当時のアメリカはソ連と戦うために中国との連携を強化していた。だから、中国が日本の政界に影響力を伸長させても意に介さない。中曽根が、たとえば靖国問題よりも中国問題を優先させるのは、当然なのである。

そしてもう一つは、官僚機構である。官僚の性質は、体制擁護である。俗に「一番最後に出た結論を正当化する天才」とも言われる（戦前に内務官僚の大物だった伊沢多喜男の言葉）。戦後日本の官僚は、日米安保条約と日本国憲法に基づく体制を固守するのを役割と心得ている。戦後体制とは官僚機構そのものだ。その意味では、戦後体制の本丸に挑む憲法改正など論外である。財政を司る大蔵省（現・財務省）にとって、防衛費は削りやすく額が大きい予算である。防衛費増強は、アメリカが求めてきた場合にある程度は応じるが、必要以上は認めない。政教分離を定めた日本国憲法二十条は、靖国神社を狙い撃ちにした条文だ（小著『帝国憲法の真実』扶桑社、二〇一四年）。その公式参拝など、憲法の番人たる内閣法制局にとって、許しがたい所業だ。だから、条件が次々と付けられ、中曽根は呑んだ。

中曽根は「保守」色を打ち出し、言論界の朝日・岩波とは戦う。一方で、官僚機構とは妥協を繰り返す。そんな中曽根に戦後政治の総決算など最初から期待できるはずも無かったが、当時の「保守」に他の選択肢は無かった。

第五節　「保守」が初めて発言権を与えられた『朝まで生テレビ！』

中曽根が児戯に等しい「防衛費一％枠突破」だの「靖国神社公式参拝」を繰り返している間にも、国際政治は大変動していた。

ロナルド・レーガンは明確にソ連を潰すべく行動していたが、後継者のジョージ・ブッシュ大統領の時代になって、その兆しが見え始めていた。

そして一九八九年十一月にベルリンの壁が崩壊し、十二月にブッシュとミハイル・ゴルバチョフソ連最高会議議長によるマルタ会談があり、東欧の民主化が始まる。日本人は「冷戦の終結」に歓喜したが、実相は違った。アメリカはソ連を本気で潰すべく、最終段階に入った。その間の一九九〇年八月から湾岸危機が起こり、一九九一年一月に湾岸戦争が勃発する。そして、同年年末にソ連は崩壊した。

さて、この間、日本は何をしていただろうか。

元号は平成に代わり、竹下登が政権に就いていた。その内閣こそ短命で終わるが、一九九〇年代の大半の時期において、竹下が田中角栄に代わり政界の闇将軍として君臨した。竹下は田中と同じく親中派である。政界において「保守」の出る幕はないし、況や言論人においてをや、の状況は変わらなかった。政界の実際の支配者である闇将軍が田中から竹下に代わる谷間に、中曽根は五年の長期政権を築いた。その中曽根が口先と申し訳程度にしか動かないのだから、「保守」陣営は時間を無駄にしただけの格好となった。

国際情勢の影響が政界には皆無に近いのに対し、ソ連崩壊は日本の言論界のメインストリームに変動を及ぼした。

朝日新聞から、かつての栄華は明らかに失われた。ソ連崩壊の翌年、『朝日ジャーナル』は廃刊に追い込まれる。創刊三十三年。しかし、ソ連や共産主義を「進歩的思想」と賛美し、つまり嘘をつき続けたのだから、当然の社会的制裁とも言える。それでも本紙は、読売新聞と日経新聞の後塵を拝するようになったとはいえ、何とか三大新聞の末席を保っているだけ救いがあるとも言えるが。

悲惨なのが岩波書店である。それまでの「岩波文化人」の権威は、崩壊した。岩波書店のみならず、日本の言論界を代表する雑誌であった朝日新聞社の『論座』など今や誰も知らないし、岩波書店の『世界』を雑誌の名前と認識する日本人が皆無とまで落ちぶれていく。

さて、その頃。「保守」言論界は、何をしていたのか。

中曽根内閣の末期、ようやく社会に対する発言権を認められるようになった。具体的には、「イロモノ」として、テレビに出られるようになった。それまでは犯罪者と区別がつかない扱いだったのだから、長足の進歩と言える。

初めて「保守」がマトモに発言権を与えられたのが、現在も放送が続いているテレビ朝日の『朝まで生テレビ！』である。「保守」にとって宿敵であるはずの朝日の媒体で情けをかけられるのは皮肉だが、そこは番組で一貫して司会者である田原総一朗の個性が大きい。

この番組の放送開始は一九八七年の四月。毎月最終金曜日の深夜二十五時〜朝六時まで、ぶっ続けで多数の論客が討論を行う。しかも「皇室」や「部落差別」などのタブーをものともせず、現職暴力団組長を出演させるなど、画期的な番組であった。田原は「タブー無き討論」を謳うので、「保守」の言論人も大挙して出演させたのだ。

当初のレギュラーは、映画監督の大島渚と作家の野坂昭如（あきゆき）。二人とも「反権力」「反体制」を売りにしていた。プロレスでいうベビーフェイス（善玉）である。同じくプロレスにたとえると、ヒール（悪役・やられ役）が「保守」言論人だった。中堅だった西部邁や西尾幹二は後に論壇の大御所に、若手だった栗本慎一郎や舛添要一は自民党から政治家への道を歩む。

田原は、一般にリベラル思想の人物と目されている。また、『朝まで生テレビ！』は言いっぱなしの番組であり、かつ司会者として討論の内容に介入しすぎで、特に自分の意に介さない「保守」の意見に対しては強硬に否定する傾向が強い。そうした事実を認めたとしても、「保守」が継続的に、そして大挙してテレビに発言の場を得られたのは、田原のおかげである点も評価されるべきだろう。

それまでは「イロモノ」としての発言権すら認められないほどの、弱小勢力だったのだから。

なお、「保守」業界において、田原は「思想が無いノンポリ」「学生運動上がりのリベラル」「パヨク」と罵られるのが常だ。だが、言論の自由に関しては厳しい自己規範を抱いている点を無視しては公平を欠くであろう。

平成十一（一九九九）年、自由党の西村眞悟防衛政務次官が舌禍事件を起こした。護憲を掲げる社民党（当時）の辻元清美衆議院議員を念頭に置いて、そんなに憲法九条が大事なら、「お前が強姦されとってもオレは絶対に救ったらんぞ」と発言した（『週刊プレイボーイ』十一月二日号）。一九九〇年代はバルカン半島のユーゴスラビアで悲惨な分離独立戦争が行われており、民族浄化が世界的に懸念されていた。民族浄化においては、敵対民族の女性への強姦が推奨される。憎悪が怨念を呼び、悲惨な光景が繰り広げられていた。こうした事例を念頭に置いて、西村は同胞の女性を守るためには教条的な護憲ではなく国防力の充実が必要であると説いたのだった。だが、通じるはずがない。「強姦次官」のレッテルを張られ、即座に辞任に追い込まれた。

この時、西村を弁護したほとんど唯一の言論人が田原なのである。

確かに田原の信念がどのようなものか他人にはわかりにくいが、信念の人であるのは間違いない。

第六節　そのとき、江藤淳は何をしていたか

一九八〇年代後半から九〇年代半ばにかけて「保守」論壇のドンといえば、江藤淳である。江藤は司馬遼太郎と同世代であり、文芸評論家として第一人者の地位を占めるのみな

らず、「保守」論壇でもドンの地位に登り詰めた。当時の「保守」論壇の中堅どころは、たいていが江藤淳の世話になっている。

たとえば、石原慎太郎である。作家時代の石原も、江藤に見いだされている。

ちなみに、石原慎太郎とソニー会長の盛田昭夫との共著『「NO」と言える日本　新日米関係の方策』（光文社、一九八九年）は、大ベストセラーとなっていた。題名は過激と思われたが、内容は「アメリカに対しても三回に一回くらいはNOを言うべきだ」程度の内容である。だが、大臣経験のある自民党政治家の著作だけに話題作となった。戦後自民党における「保守」政治家の代表は、岸信介、福田赳夫、中曽根康弘ら首相経験者である。石原は首相経験がないにもかかわらず、その系譜につらなる「保守」政治家の代表となった。石原の後は平沼赳夫が代表となるが、二人とも自民党を出ていく運命となるのは、自民党が年を経るごとに「保守」と距離ができたので、必然と言える。ちなみに、首相級の政治家では小渕恵三が期待されたが、健康に恵まれなかった。

閑話休題。江藤は夏目漱石の研究家であり、東工大や慶応でも教鞭をとった。文芸評論家が文壇のみならず、論壇でも活躍するのは珍しくない。また収入の根幹である本職を大学教授に置き、言論活動を行うのも普通である。第一章で紹介した福田恆存、あるいは小林秀雄や村松剛のような「保守」言論人は、文芸評論家としても著名である。当時中堅の西尾幹二はニーチェの研究者であり、長く電気通信大学教授を務めた。『朝まで生テレビ！』の常連で言うと、舛添要一と西部邁は東大、栗本慎一郎は明大に籍を置いていた。もっとも、この三人ともアカデミズムから足を洗ったが。

当時は文壇で認められるか、大学教員（助教授以上）の地位があるか。いずれにせよ、何らかの議論参加資格が求められた。これは「保守」に限らず、言論界全体の暗黙の掟だった。

さて、江藤の代表作は『閉された言語空間　占領軍の検閲と戦後日本』（文藝春秋、一九八九年。初出は雑誌『諸君！』で八二～八六年に連載）である。江藤は本来の専門とは別に、占領政策についての研究を進めていた。なぜ戦後の言論界では、朝日・岩波のような「革新」「進歩」を標榜する勢力が跋扈するのか、歴史に原因を究明しようとしたのだ。そして江藤は、占領政策に原因を求める。

確かに、朝鮮戦争勃発以前の占領軍は、徹底して日本弱体化を進めた。そうした例は枚挙にいとまがない。いわゆる憲法押し付け、第二次大戦の復讐裁判である東京裁判、日本国憲法と東京裁判の歴史観に基づく教育、公職追放による各界要人の入れ替え。そうした中で学界やマスコミの主流派は占領軍に迎合し、戦後の言論空間が形成された。

江藤は史料調査により、占領軍は「ウォー・ギルト・インフォーメーション・プログラム（ＷＧＩＰ）」を行ったと主張した。占領軍は日本人に対して、第二次大戦における所業への贖罪意識を植え付けるよう洗脳した、とのことである。

江藤の主張は、そのすべてを認めない人でも、大まかな方向性と事実関係に関しては一定以上の評価を与えている。古今東西、占領政策は峻厳である。二度と逆らわないように、物心両面であらゆる施策を採るものである。

ただ、占領軍のやったことを「洗脳」と言い切るには賛否両論がある。何をもって「洗脳」とし、何がどこまで行われたかは、まだまだ解明の余地はある。

問題は歴史研究としての妥当性ではなく、江藤の主張の「保守」論壇への影響である。

戦後の悲惨な言論状況は、ＷＧＩＰに原因があったとの結論は、常に負けっぱなしだった「保守」の人々には耳心地がいい。この世のすべての謎を解明したかのような快感を得た者も実在する。

ちなみに、ＷＧＩＰを主題あるいは重要な論点とした著作を著している、代表的な「保守」言論人を書名とともにあげる。

藤岡信勝『汚辱の近現代史――いま、克服のとき』（徳間書店、一九九六年）、小林よしのり『戦争論――新ゴーマニズム宣言SPECIAL』（幻冬舎、一九九八年）、櫻井よしこ『GHQ作成の情報操作書「眞相箱」の呪縛を解く――戦後日本人の歴史観はこうして歪められた』（小学館、二〇〇二年）、西尾幹二『新・地球日本史2 明治中期から第二次大戦まで』（産経新聞ニュースサービス、二〇〇五年）、髙橋史朗『WGIPと「歴史戦」――「日本人の道徳」を取り戻す』（モラロジー研究所、二〇一九年）。

藤岡は「自虐史観」の打破を唱えて大運動を起こした教育学者、小林は絶大な影響力を誇った漫画家、櫻井は知名度抜群のニュースキャスターから現在の「保守」言論人の頂点に位置するジャーナリスト、西尾は同じく「保守」業界の重鎮、髙橋はWGIPを主要研究テーマの一つとしている教育史学者である。江藤の影響力は絶大である。

問題は、この人たちの読者の少なからずが、自分たちが負けっぱなしである現状をすべて占領軍の責任にして、何の努力も行わないことである。「保守」の伝統的なアメリカコンプレックスについては、これまで本書でも縷々述べてきた。反米の論者は「占領軍＝アメリカ」の図式を疑わない。

それに対して最近の研究では、アメリカ本国と占領軍の意向は多くの対立をはらんでいる事実も明らかになってきている。アメリカ自体も、ソ連など他の国との関係に腐心しながら、対日占領政策を行ってきた事実も分かってきている。また、当時はほとんど発言権の無かったアメリカの親日勢力も含めて「反米」と一括りにしてよいのかとの、根本的な問題も存在する。検討すべき課題は多い。

だが、考えてもみよ。「自分たちが負けっぱなしだった原因は占領政策の洗脳にあった」と聞かされた「保守」の読者が、そのような学術的な思考に至るだろうか。結論は火を見るより明らかだろう。

誰とは言わないが、先にあげた五人の内で最低一人は、そのような「快楽商売」を講演のネタにしている。確信犯だ。客を白痴化させた方が楽に儲かるのは世の常だ。ある程度は仕方がないが、江藤も罪なことをしたものだ。それでも、言論により社会を善導したならば、江藤の罪にはできまい。

しかし、ソ連崩壊当時、「保守」論壇のドンだった江藤は五十九歳。脂の最も乗り切った時期である。一体、何をしていたのか？　逆襲から追撃に至る、絶好の機会ではないか。いかなる作戦を以て、朝日・岩波らの勢力を駆逐しようとしたのか。その痕跡すら見いだせない。ただ指をくわえて見ていたら、相手が勝手に自滅してくれただけだ。

江藤は三島由紀夫の批判者でもあったが、「作戦」の概念が欠落していた点では自分も同類である。

江藤の読者である「保守」に作戦という概念が欠けるのは、当然であろう。

ただし、こういう批判をすると必ず反論が返ってくる。当時はそういうことを考えられる状況ではなかった。後知恵だ、と。

確かに、負けっぱなしの「保守」に逆襲の戦機を摑めと指摘するのは酷かもしれない。また、過去の戦い方に反省を求めるのが後知恵ならば、その通りなのだろう。

あまりにも負け続けすぎて、作戦以前に、何を以て勝利とするのかすら見失ってしまったのだから。

第三章　平成になり、ようやく「保守」が発言権を得た

第一節　突破口になりかけた「つくる会」

西暦一九八九年から九一年、元号で言えば平成元年から三年は、世界が激動していた時期だった。ベルリンの壁崩壊に始まる東欧民主化、湾岸危機と湾岸戦争、そしてソ連崩壊。日本の政界では相次ぐ汚職事件に対し国民の不満が爆発し、政治改革ブームが起きる。そして一時的に自民党は下野するが、すぐに政権復帰して再び一党優位の体制に戻る。そして自民党内の「保守」勢力は、ますます弱体化していった。

湾岸危機において護憲に固執して醜態をさらした海部俊樹。政治改革ブームの中で下野に追い込まれながら辞め際に「従軍慰安婦の強制連行」を認めた宮澤喜一（河野談話。発表者である河野洋平官房長官は、今でも「保守」の怨嗟の的である）。先の大戦を「侵略戦争」だと発言した細川護熙。そして歴史問題の集大成である「村山談話」を発表した村山富市。「保守」の鬱憤は、たまり続けた。

ベルリンの壁崩壊からソ連消滅に至る過程で新たな価値観が求められているにもかかわらず、誰も人々を善導する価値観を打ち立てられていなかった。そして、共産主義を賛美していた革新（進歩）の誤りは誰の目にも明確であるにもかかわらず、旧態依然とした

「保守」排撃の言論状況は変わらなかった。

こうした中、「誰もやらないならば」と社会的ムーブメントを起こしたのが、東大教育学部教授だった藤岡信勝である。北海道大学出身の藤岡は、もともと共産党員である。藤岡自身、こうした経歴は別に隠してはいない。その藤岡がアメリカ在留中に、湾岸危機の中で迷走する日本を外から見て日本の言論状況の異常さに気付いた。そして、「保守」に転じる。

藤岡は「自由主義史観研究会」を設立し、産経新聞で連載したエッセーをまとめた『教科書が教えない歴史』（産経新聞ニュースサービス）の初巻が平成八（一九九六）年に発刊、全四巻で一二〇万部のベストセラーになった。藤岡は既存の歴史教科書（特に中学教科書）を「自虐的だ」と批判し、「日本を好きになり自分に自信を持てるようになる教育を行うべきだ」と主張した。藤岡は言論活動を行うのみならず、全国の教師を組織化し、自由主義史観研究会としてまとめ上げたのだった。東京裁判史観に基づく自虐史観を克服する、自由主義史観による歴史記述を行える現役教師の集団だ。執筆者の中には、後に「保守」論壇随一の実力評論家となるような人も含まれていた。共産党出身の藤岡にはオルガナイザーとしての素養が身についており、人選も慧眼だった。

藤岡の運動は、「保守」言論界全体を巻き込んでいく。

平成九年一月、藤岡は「新しい歴史教科書をつくる会」を設立する。略称は「つくる会」。単に一般書で啓蒙を行うのみならず、実際に歴史教科書を執筆して普及させようとの試みだ。

最初の呼びかけ人は藤岡の他に、西尾幹二や髙橋史朗のような自虐史観の排撃をはかる「保守」言論人。学習院大学教授、日本思想史が専門で、自身も「保守」言論人だった坂本多加雄。「保守」に理解の深い、高名なエッセイストの山本夏彦に、有名作家の深田祐介。評論マンガの雄だった小林よしのりは、影響力が期待されて声をかけられた。

それに女性の参加も必要と、エッセイストの阿川佐和子と作家の林真理子も加わった。ただし、阿川と林は周囲の説得（圧力？）により、第一回記者会見の前に呼びかけ人を辞退している。ソ連崩壊から六年、まだまだ「保守」はタブーだった。

裏切り者は、最初から敵だった者よりも許すな。世の常だが、共産主義者にとっては鉄則だ。藤岡信勝の動きに危機感を抱いた左翼勢力（一九九〇年代後半には、「進歩」「革新」は死語と化していた）は、あらゆる手段で攻撃を加える。彼らのヒステリックなまでの危機感は、藤岡個人の名を冠した批判本が多数出版された一事で理解できよう。たとえば、『近現代史の真実は何か――藤岡信勝氏の「歴史教育・平和教育」論批判』（藤原彰・森田俊男編、大月書店、一九九六年）や『教科書から消せない戦争の真実――歴史を歪める藤岡信勝氏らへの批判』（教科書検定訴訟を支援する全国連絡会編教科書裁判ブックレット、教科書検定訴訟を支援する全国連絡会、一九九六年）などである。

第二節　当初から内紛含みの「つくる会」

ソ連崩壊から何年も有効な動きを見せなかった「保守」陣営が、急激に活発化した。左翼陣営が「つくる会」を警戒するのも、当然ではある。

では、「つくる会」の内情は、どうだっただろうか。

立ち上げ早々の様子を、設立者の一人である小林よしのりが、『新ゴーマニズム宣言』「保守が死守する自虐教科書」（『ＳＡＰＩＯ』小学館、一九九七年）で描写している。生々しいので、漫画のコマから文章だけを抜き出しておく。『ゴーマニズム宣言』は評論マンガなので、セリフ以外の一人称はすべて小林である。その他のセリフの主は（　）で補った。小林も会議の参加者なので、セリフの主が（小林）となる場合もある。

久しぶりに「新しい歴史教科書をつくる会」の理事会に出席した

いよいよ教科書をつくるための具体的な作業を始める段階に来た

どんな進め方をするのか？

伊藤隆氏が何と近現代史の素描をサンプルとして提出してくれた

伊藤氏は石ノ森章太郎・画で「マンガ・日本の歴史」現代篇の原案を担当したことがある

近代史の権威が

（伊藤）「これを叩き台にして皆で議論していじってもらってもかまわない」

…とまで言ってくれる

伊藤氏の申し出を受け各時代ごとの素材となるものをプロに書いていただくことになる

信頼できる学者を選んでいると…

藤岡信勝氏が異議を申し立てる

（藤岡）「これじゃダメだ　最初にグランドデザインを作ってからじゃないと頼めない！」

全体の理念と物語性にこだわる藤岡氏

自分の考える物語をとうとうと述べ始める西尾幹二会長

（小林）「ふむ　それ面白いから30ページくらいでいっぺんまとめていただけたらいいいと思うんですけど…」

（小林）「確かに　今使われているサヨク教科書には「日本の歴史は常に悪い権力者が入れ替わり立ち替わり現れて善良な民衆をずっと虐げてきて民衆は何度も反抗して少しずつ進歩してきたんだけれども未だに憎むべき権力者がいる」という物語が…

（西尾）「ちゃんとあるんだよ――オオ…」

（小林）「ちゃんとあるそのバカらしい物語に隠されてしまっていた本当の物語は何か？」

（藤岡）「とにかくパッチワークになってしまったらヤバイんですよ」

（坂本）「しかしこれは時間の制約もあるんだからねー」

（藤岡）「時間にしばられてどうしますか――」

しばらく言い合いが続いていた時ついに伊藤氏がキレた

（伊藤）「わかった　今日の話はなかったことにしよう」

バシッ（書類を叩く）

伊藤氏は地道で具体的な研究をずっとしてきた人だ

実際性・具体性の積み重ねからしか始まらないと考える人だろう

一触即発　空中分解にもなりかねない大議論となった

（西尾）「おねがいだからこれを引っ込めるようなことはなさらないでくださいね」

伊藤は、昭和史を中心とした日本近代史の泰斗である。国会図書館憲政資料室には日本近現代史にまつわる多くの政治家や官僚の史料が収集されているが、その大半は伊藤の力による。共産主義者一色だった歴史学界において、実証主義歴史学を打ち立てたのみならず、初めて「反共」の歴史学者の居場所をも打ち立てた学者である。学界において戦前日本を無条件に悪だとする風潮に異を唱え、「ファシズム」論争を仕掛けて勝利している。

既存の勢力を凌駕する歴史教科書を執筆するとなった場合、伊藤の存在感はあまりに大きい。言うなれば、何をさておいても伊藤一人を尊重するのが組織の基本であるはずだった。ただ、その他の「保守」言論人の一部は、個性が強すぎた。

つくる会の「新しい歴史教科書」は、「保守」業界が総力をあげた応援を得ていた。そうしたこともあり、左翼は過剰なまでに警戒していた。だが、内情は発足当初から内紛含みだった。

教科書の採択は四年に一度、行われる。四年間、このような調子で教科書を作り、文部省の教科書検定を受け、全国の中学校で採択をしてもらうべく営業を行う。

結果、二〇〇一年八月の中学校教科書の結果発表で、歴史の採択率は〇・〇三九％、公民も〇・〇五五％。

誰がどう見ても、惨敗だった。

第三節　「保守」の敵は「保守」

つくる会は、採択率大敗の責任をめぐり内紛となり、分裂に至る。

「保守」言論人で憲法学者の八木秀次は、「保守」業界を味方につける形でつくる会を脱退する。扶桑社が、八木の設立した「日本教育再生機構」と提携し、教科書出版の子会社となる育鵬社を設立した。現在、『週刊ＳＰＡ！』編集部の横に育鵬社の編集部がある。伊藤も、育鵬社教科書の執筆者となった。

言うなれば、つくる会は看板以外のすべてを奪われた格好となった。当然、八木は憎悪の対象となる。「つくる会」の公式サイトに次のように残されている。


教科書改善運動で両者の関係がこれだけこじれているのは、八木氏自身のこれまでの行いそのものに大きな原因があります。

第一に、八木氏はかつて当会の会員でもあり、会長でもあった方ですが、平成17年12月、当会の理事会にも執行部の会議にも諮ることなく中国社会科学院を訪問しました。そして、何の準備もないままに中国社会科学院によってだまし討ちの形で仕組まれた「学術討論会」に引きずり込まれ、当会の『新しい歴史教科書』に対する一方的な批判を許しました。そのことは、「つくる会」分裂の大きな原因となりました。

また、先般発覚した中国人スパイ・李春光や中国社会科学院との関係も看過できない問題といえます。八木氏は平成18年5月、中国社会科学院の面々を日本に招待し、都内で会合を持っています。その席に李春光が同席していたことが明らかになっています。その席上、中国社会科学院側が、「日中戦争は侵略戦争と認めなさい」と発言するなど、日本の教科書について様々な注文をつけ、その一方で、中国の教科書に関して、八木氏らはなんの注文もつけることが出来ず、教科書改善運動にとって大きな痛手となりました。（平成二十四年十二月十二日付け「つくる会」会長名書簡の補足資料より、として掲載）

また、ブログ『西尾幹二のインターネット日録』には二〇一二年七月十一日および十二日付けで、次の文章が掲載されている。

分裂に至ったいきさつは予め会に複数の新勢力が理事としてもぐり込んでいて、私が名誉会長を退任したスキを突いてクーデターに起ち上がり、つくる会乗っ取りを策したこと、それと前後して八木秀次会長（当時）が理事会に諮らずに中国を訪問し、有能な学者ではなく同行した事務局員を代表に仕立てて中国の学者たちと討論したことに端を発する。その余りの不用意と行動の軽さが会員の怒りを買った。

（中略）

つくる会がなぜ混乱したかの究極の理由を判断するにはまだ時間が少なすぎるかもしれない。なにか外からの強い力が働いた結果という印象を多くの人が抱いていると思う。歴史教科書はとまれ靖国に次ぐ重要な政治的タームである。八木元会長の油断はスキを与え、中国が久しく狙っていたつくる会の切り崩しをやすやすと成功させたということになるのかもしれない。（西尾幹二『国家と謝罪』（徳間書店、二〇〇七年）にも掲載）

八木の側は、特に反応を示していない。育鵬社の歴史教科書は採択率五％を超え、つくる会に大きく差をつけている。また、八木は産経新聞や雑誌『正論』の主要執筆者にもなった。二度の安倍晋三内閣では、ブレーンの地位にあるとも言われる。

いわば「論壇政治」の勝者として、余裕のつもりなのだろうか。言論人としての八木には取り上げるべき代表作は皆無だが、「保守」業界における論壇政治においては、一応の成功者とは目されている。

第四節　教科書を己の信じる真実を書く場だと思い込む〝純情〟

一方、つくる会の採択率は、回を追うごとに劣勢に至った。私が聞いたときには、日本全体の「パーセンテージ」ではなく、「学校数」で答えられたほどだ。

そして令和二（二〇二〇）年には、教科書検定そのものに不合格となった。この経緯に関しては、同年つくる会自身が編集した『教科書抹殺　文科省は「つくる会」をこうして狙い撃ちした』（飛鳥新社）に詳しい。要するに、文科省に狙い撃ちされたのだった。

つくる会の教科書を不合格にした政権が安倍内閣。責任者の萩生田光一文科大臣に加え、義家弘介政務官も安倍首相に近いことも不幸となった。つくる会は、「保守」の仲間であるはずの『正論』からも、揶揄に近い糾弾をされた。

なお、田北真樹子編集長のスタンスは二転三転していて、最初の五月号では文科省を批判する立場で特集を組んでいたが、翌六月号では突如としてつくる会を揶揄する論稿を編集部名で載せ、つくる会副会長の藤岡の抗議を受けて七月号に反論を載せているが、同じ七月号に自身の見解を並べている。

田北は雑誌編集長でありながら「再反論文を同じ号に載せてはならない」という言論の初歩の常識も教育されていないのかとの批判もあろうが、何か激しく動揺する事情があったのだろう。ちなみに田北の師匠筋であり、つくる会と育鵬社の双方と関係のあった櫻井よしこは、萩生田大臣の下での「検定不合格」を機に、つくる会との関係を絶っている。

さて、かくいう私は、つくる会教科書が不合格とされる前の令和元（二〇一九）年五月に、乞われて理事になっていた。こういう事情なので何もしようが無くなったのだが……。それはさておき、就任挨拶として同会発刊の雑誌『史』に文章を寄せた。最も伝えたかったのは、以下の部分である。

まず大前提である。教科書の執筆者は、自分が信じていない説を書くことが多々ある。教科書とは、執筆者が信じる真実を書く場ではない。だから学界の約束事として、教科書の記述を指して執筆者を論難することは反則とされる。教科書作りにおいては、こうした慣習法の存在を理解しておかなければならない。イデオロギー以前の、ルールである。

たとえば、最新の治療法を発見した医者も、学会（界）で認められていない段階では、それを教科書に書いてはならない。仮に書いても「エビデンスが無い」とされて排されるだけだ。

歴史教科書で例をあげる。鎌倉幕府開闢（かいびゃく）について、いかに一一九二年説を信じていようが、多数派が一一八五年説を採るなら、一一八五年説を無視してはならないのが教科書のルールだ。せめて、両論併記までが限界である。

「保守」の多くの人々は善良で純情である。八木のような人間からしたら、手玉にとって踏み台にする対象にしかならない。

第五節　歴史学界では、〝十字軍〟や〝異端審問〟が日常

間違いなく、つくる会には可能性があった。そして、「やられ役」「悪役」「イロモノ」

ではあったが、テレビの地上波に発言権を得た。

『朝まで生テレビ！』に西尾幹二が登場した時は、司会者はいつもの田原総一朗ではなく、『婦人公論』編集長の水口義朗だった。絶頂期の田原の司会は「猛獣使い」と称されるがごとく、煽るだけ煽り出演者をヒートアップさせるのに主眼を置いていた。討論の結論を出さないことでフラストレーションがたまるとの批判もあったが、「特定のイデオロギーを視聴者に押し付けてはならない」と意に介さなかった。ところが、水口の司会は露骨だった。自説を語る西尾幹二に対し、出演者のデーブ・スペクターが「麻薬でもやっているんじゃないの」と人格攻撃に走っても、静止すらしない。水口は「保守」に対しては何をやっても許されると思い込んでいるかのようだったが、まだまだ日本社会全体がそのような空気だった。

約五十か国の外国人に日本を語らせる、ＴＢＳの『ここがヘンだよ日本人』という番組に、藤岡信勝が「つくる会」教科書の執筆者である古代史学者の高森明勅と出演したことがある。多様な価値観を売りにする番組だったにもかかわらず、藤岡と高森は、単なる過激派として糾弾されるのみだった。

それでも、メディアでは発言権が得られていた。歴史教科書の根源である、歴史学界はどうだったか。

彼らは、これまたヒステリックに反応した。ただし、教授たちは権威に守られている。そして学界の中では、絶対的な権力を一方的に行使できる。

その歴史学界の頂点は、史学会とされる。発行する雑誌は『史学雑誌』。実態は単なる東京大学文学部史学科の紀要にすぎないのだが、歴史学界では最も権威がある雑誌とされる。日本史・東洋史・西洋史の、古代・中世・近世・近代のすべての時代の論文を網羅し、年に一度「回顧と展望」で注目すべき学術論文を取り上げて論評し、そこに掲載されるのは学者としての名誉とされる。「新しい歴史教科書をつくる会」の一回目の採択が終わった年の「回顧と展望」(二〇〇二年 一一一巻 五号)を、長いが引用する。

執筆者は、吉田伸之。なぜか、藤岡が主に取り上げた日本近代史ではなく、日本近世史の専門家が「総説」で取り上げた。


結果は、教科書本体のあまりに杜撰な内容と、多くの市民運動や韓国・中国など海外からの厳しい論調、さらには本会も含む歴史学関係諸学会や歴史研究者による批判などに包囲されて、採択率〇・〇三八%という惨憺たる結果に終わった。その教科書は、

「自由主義史観」という立場を標榜するが、内容を一瞥すれば明らかなように、そこにみられるのは皇国史観の再版・焼き直しにすぎない。そして歴史教科書における侵略戦争への反省と従軍慰安婦問題や南京大虐殺事件などへの誠実な言及・叙述を「自虐史観」などと攻撃する一方で、自国中心主義、国家間のパワーポリティックス史観の容認、天皇をはじめとする国家指導者や著名人の賛美、といった点に叙述の重点を置くという顕著な特徴を有している。これらは侵略戦争を支えた皇国史観への反省の上に立った、戦後半世紀以上に及ぶ科学的な歴史学研究の達成と、それを基礎とした歴史教科書叙述の到達点を意図的に無視し、その「自虐史観の修正」を企図するものである。

呪詛としか評しようがない。あるいは、十字軍の勝利宣言か。だが、仮にも学術雑誌の一文なのである。では、ここに書かれてある「本会も含む歴史学関係諸学会や歴史研究者による批判」の実態とは、どのようなものか。

つくる会設立と同時に「新しい歴史教科書に反対する署名」が、全国の大学に回覧されていた。「つくる会の歴史教科書に反対せよ」との踏み絵である。もし大学非常勤講師や大学院生が、この署名を拒否したらどうなるか。危険人物と認定され、専任講師以上の就職は斡旋されなくなる。いわば、異端審問だ。ただし、「自分の信念に悖る」などと拒否したら、即座に学界抹殺である。

私自身はこの署名を拒否する以前に、回覧すらされなかった。「そういう思想傾向の人物」と目されていたからである。私自身は大学教員として「憲法学」を教えたことはあるが、「歴史学」を教えたことは一度もない。私のような人間には、非常勤講師のコマ一つでも紹介してはならない。異端審問とは、そういうものだ。

ただし、署名したら就職の面倒を見てもらえるなどと、甘く考えてはならないのが歴史学界だ。ある歴史学者は、この署名をしたが、就職の世話はしてもらっていない。仮に署名をしたところで、ボス教授は当然のことと思っているので、就職の世話をしてくれるとは限らないからだ。

別の歴史学者は、この署名を拒否するどころではない。研究室で『諸君！』『正論』を読んでいたという理由で、日本では教授になれなかった。「保守」と目されたからだ。二人とも優秀な学者だが、実力など関係ないのが学界だ。歴史学界では特に惨い。

これが左翼が支配する学界の実態である。そこに言論の正当な勝負など、あろうはずがない。「保守」は、こんな左翼に負けっぱなしだった。

いつのまにか「左翼」「革新「進歩的文化人」が死語になり、「リベラル」を名乗り始めたが、その本質は変わらない。

第六節　小林よしのりを「保守」は敵だと認識している

小林よしのり――これほどリベラルと「保守」で、評価がまったく分かれる人物もいないのではないか。

しばしばリベラル系メディアが、小林よしのりの影響で日本が右傾化し、若者に「保守」「ネトウヨ」が勢力を拡大したとの前提でインタビューを行うことがある。つまり、「保守」「ネトウヨ」の若手は、小林よしのりに憧れて右傾化して活動を開始したと思い込んでいるのだ。それは部分的には正しいが、「保守」「ネトウヨ」と目された側の大きな困惑を招いている。

私より若い世代の「保守」の論者から、二、三の例証を挙げよう。

作家で、現在は多くの「保守」言論人や業界そのものへの批判で知られる古谷経衡は、弁護士の倉持麟太郎との対談で、高校時代に小林よしのり『戦争論』を読んだが、その後は批判的である旨を述べている（「平成最後に「保守」とは何かを考える。（上）」ＹＡＨ

OO!JAPANニュース　二〇一八年十二月二十三日)。

YouTuberで「保守」の動画を毎日のように投稿しているKAZUYAも、朝日新聞から取材されて「高校時代、小林よしのりの漫画『戦争論』に傾倒」と紹介されたことをあげ、「小林よしのりさんにしてもきっかけがそれだったっていうだけでそんな傾倒してはいないんですよね。今はもうちょっとあれだし」と記している（KAZUYA CHANNEL GX ブロマガ　二〇一五年十二月二十二日)。

さらに小林は、「保守」業界で人気の作家である竹田恒泰を『SAPIO』誌で一年半にわたり延々と批判し続けている。竹田は明治天皇の玄孫で、皇位継承に関しては女系継承を排撃している。それに対して小林は女系推進派の立場から、「『偽ブランド』で商売している」「アホ」「詐術」「卑劣」などの表現まで用いて、人格攻撃も含めた批判を繰り返した（その様子は『ゴーマニズム宣言SPECIAL　新天皇論』小学館、二〇一〇に収録)。

それぞれの生まれが、古谷が昭和五十七（一九八二）年、KAZUYAが昭和六十三（一九八八）年、竹田が昭和五十（一九七五）年。小林よしのりは、一時は若者に影響を与えたが、今や「保守」の敵として認定されている存在である。一般人の「ネトウヨ」に至っては、「パチのり」と揶揄する。「パチンコ屋の回し者のよしのり」の意味である。

小林の代表作である『おぼっちゃまくん』がパチンコ台のキャラクターとして使用されたので、敵なのである。多くの「ネトウヨ」が、「パチンコ屋は在日朝鮮人の資金源」だと信じている。もちろん、すべてのパチンコ屋が朝鮮系ではない。また、『おぼっちゃまくん』をキャラクター使用したパチンコ屋がコリアンと一切の関係が無いかなど、知る由もないし、調べる気もない。なぜなら、「敵認定した小林が組んだ」と判断したから、ネトウヨはパチンコ屋との関係を取り上げているだけだからだ。

たとえば、ウルトラマンである。ウルトラマンはパチンコ台の主要キャラクターである。それどころか、制作会社の円谷プロの株主構成は二〇二〇年時点で、フィールズ五一％、バンダイ四九％である。パチンコ屋に身売りした会社なのである。それどころか、中国市場にも進出していた。「ネトウヨ」の論理に従うなら、典型的な売国企業である。だが、ウルトラマンや円谷プロが「売国」と叩かれることはない。理由は簡単で、敵だと認識していないからだ。

小林も辟易しているのか、自分は真の「保守」だと規定した上で、「ネトウヨ」に対するイラつきを述べている。

しばしばリベラル系論者は小林よしのりを「保守」の代表だと認識しているが、リベラル系が考えるその「保守」の側は小林を敵としか見ていないのだ。

第七節　一貫している「プロ」へのこだわり

小林と批判する側のどちらが真の「保守」なのかなどは、ここでは問わない。事実として言えるのは、一般に「保守」と目されている人たちは小林を「保守」と思っていないどころか、敵として扱うのが一般的だ。そして、現代の「保守」を語る上で、小林が重要人物であるのは間違いなかろう。多くの誤解がある人物なので、ここで軌跡を概観しておく。

小林は、一九五三年生まれ。当時の苛烈な受験戦争を風刺したギャグマンガ、『東大一直線』（集英社『少年ジャンプ』一九七六年二八号〜一九七九年四五号に連載）でデビューした。小林は最初に世に向かって言論を訴えた時、「ワシは3年で潰れるギャグマンガの世界でプロとして18年間、生き抜いてきた」と強調していた。「プロ」に対するこだわりは、小林の言論で一貫している。

最大のヒット作は、『おぼっちゃまくん』（小学館『月刊コロコロコミック』で、一九八六年五月号〜一九九四年九月号に連載）で、アニメ化もされた。なお、セルフパロディーとなる『おこっちゃまくん』（宝島社『宝島』で、一九八九年二月号〜一九九一年七月二四日号に連載）は、その内容からもページスタイルからも、『ゴーマニズム宣言』（扶桑社『週刊ＳＰＡ！』一九九二年一月二二日号〜一九九五年八月二日号に連載）、続く『新・ゴーマニズム宣言』（小学館『ＳＡＰＩＯ』一九九五年九月二七日号から連載だが、雑誌が事実上の休刊中。実質的には『週刊ＳＰＡ！』で連載）のさきがけとなっている。略称は『ゴー宣』。『ゴー宣』は、小林の漫画家かつ言論人としての代表作である。

当初の『ゴー宣』は、ノンポリ路線、むしろリベラル路線だった。小林も述懐している。

九二年に連載が始まった『ゴー宣』の初期は、自分の常識にしたがって、ほぼ直観のみで権威に牙を剥いた「個人主義の時代」である。のちに徹底批判する「戦後サヨク」的な感覚もどこかに残っていただろう。（ＢＥＳＴ　ＴＩＭＥＳ　二〇一六年七月二二日）

一九九〇年代、日本の言論界は新たな潮流が求められていた。『ゴー宣』は次々と話題作を打ち出していく。

平成五（一九九三）年は、当時皇太子だった今上陛下と皇后陛下（小和田雅子）の御成婚の年だったが、小林は『ゴー宣』（『週刊SPA!』一九九三年七月七日号）で、パレード中の「雅子さま」が「天皇制反対――っ」と叫んでオープンカー上から周囲の群衆に向かって爆弾を投げつけるまるまる一ページのコマを描き、『週刊SPA!』でボツにされ、連載が一回休止となっている。「カバ焼きの日」とタイトルされたこの回は、後に『ガロ』（青林堂）に掲載された。

また、「ザ・部落ウルトラ解放フェスティバル」というタイトルの回から、部落差別問題に切り込みはじめた。『ゴーマニズム宣言　差別論スペシャル』（解放出版社、一九九五年）の描き下ろし部分で、「ハゲを差別しろ!!」というギャグのセリフに合わせて「人頭に光あれ！」と書いたことが、出版社側から自主規制を求められてボツとなる事態を招く。部落解放運動の基盤でもある「人間に光あれ。人の間に光あれ」という全国水平社創立時の宣言のパロディーだったからだ。

初期の『ゴー宣』は、既存のタブーや権威に切り込むスタイルが、特長的だった。

第八節　「権威よ、死ね」そして「カリスマ」宣言

『ゴー宣』第一巻の帯は、「権威よ、死ね」である。そして、自らが「権威」「カリスマ」

となると宣言する。小林は、東京大学駒場祭でのシンポジウムを描いた「どとーのカリスマ」（『週刊ＳＰＡ！』一九九三年一二月二二日号）で、カリスマ宣言をした。

評論家の浅羽通明とのセッションが終わり、質疑応答の時間に、バンダナをした一人の若者が《小林さんは「権威よ死ね!!」って言ってるけど　このままじゃ自らが権威でありカリスマになるんでは？》と質問しているコマがある。これを受けて小林は「カリスマ請負宣言」をしている。小林自身は「東大駒場祭でわたしは思想家・浅羽通明氏の言説にのせられてつい…『今後わしは権威となりカリスマを目指す』と言ってしまった」「半ば冗談だったのだが３００人　立ち見まで出る聴衆から一斉に拍手が起こってしまった」「し…しまった〰っ　追い込まれてしまった〰っ」と記す。

以後、「カリスマ」は小林の代名詞となっていく。そして作品でも、「自らが体制側たらん」とのメッセージが強く打ち出されていく。

ちなみに、私はこの場に居合わせている。

この駒場祭のシンポジウムは、一高・東大弁論部の主催である。私も部長の五百旗頭（いおきべ）薫（かおる）（現・東京大学法学部教授）の案内で、客として参加していた。そして五百旗頭に両手を合わせて「質問して」と頼まれて、大恥をかいてしまった。

冒頭に、「小林先生は、天皇制は差別の根源になるかもしれない、と書いていましたけども」と切り出した瞬間、「わしはそんなことは書いていないよ」と遮られて、場内大爆笑となってしまった。実際は『ゴー宣』第四十章「自分の言葉で祝うとこーなった」に「天皇制なんて差別の原因かもしれんが」で始まるコマがあるのだが……。自分もプロの言論人になってみて、細部に至るまで自分のすべての発言を覚えていられないとか、そもそも質問者が自分の言論を正確に把握しているという前提になど立てないというのも理解できるようになったので、良き思い出である。

それはともかく、シンポジウムの後にレセプションがあり、五百旗頭のはからいで小林に挨拶と少しばかりの歓談をさせてもらったことがある。

私が「『東大必勝法 すすめ一直線!』（ワニの豆本）のシリーズも読んでいて、『東大快進撃』で登場人物たちが本気で憎み合っているのが好きだったが、一番好きなのは『厳格に訊け!』だ」と述べると、色々と制作裏話を聞かせてくれた。最後に、「今日の駒場祭のことを『ゴー宣』でネタにしますか」と尋ねると、とつおいつ考えるような表情で「思い出しておもしろいネタがあったらするかなあ」と答えていた。

第九節　当時の小林よしのりが命懸けの言論をしていたのは間違いない

影響力を増す小林は、種々の形で狙われるようになった。その最たるものは、オウム真理教による暗殺未遂事件である。しかも、『ゴー宣』を連載していた『週刊SPA！』がオウム真理教の広告塔である上祐史浩を好意的なインタビューで扱うのみならず、小林の連載の編集者コメント欄でも揶揄するかのような表現があり、怒って掲載誌を移籍する。

秘書の末永直海は『噂の眞相』で過去の職業をスキャンダラスに書きたてられ、心労により最後は「よしりん企画」を退職に至る。末永は『ゴー宣』には「ピャーポ」として登場していたし、現在は小説家だが、当時は単なる一般人である。

明らかに、左翼陣営は小林を恐れていた。『噂の眞相』は、岡留安則という人物が社長兼編集長を務める極左雑誌だった。その残党が現在ネット上で展開しているメディアが、『LITERA』である。

ここで、当時の「保守」業界の空気を示す、思い出話を。

つくる会や小林が登場する以前、「右翼の先生」として「保守」業界で尊敬されていたのが、獨協大学でドイツ語を講じていた中村粲（あきら）である。主著は、『大東亜戦争への道』（展転社、一九九一年）。「大東亜戦争」の題名だけで、自民党より右の「右翼」と目されていた。「保守」の集会でも、講演の常連だった。今もそうだが、おおかたの「保守」「右翼」の講師は、観客との懇親会に応じることが多い。歌手がコンサートの後にファンと飲み会に行くなどありえないが、「保守」の業界では珍しくない。地下アイドルのような感覚だろうか。メジャーレーベルの歌手と違って、講演の客は数十人から数百人なのだから、不可能ではない。かくいう私も講演を引き受けることは滅多にないが、引き受けた場合は懇親会に参加するのを常としている。

中村は気さくな老人で、ある種の過激な言説を期待していた私は、拍子抜けしたほどだった。講演会後の懇親会では客が講師に自己アピールするのが常で、初参加の私は中村の正面の席に座らせてもらえたが、横から常連さんがしゃべり倒して、発言は三言しかできなかった。そのうちの一つが「噂の眞相は必ず読んでいなければならない。なぜなら、敵がどのような言動をしているかを押さえておくべきだ。ただし、立ち読みで。間違っても買って、敵陣営に軍資金を渡してはならない」だった。この程度の冗談でも、次の会でも中村が覚えていてくれたのに、かえって困惑した。ちなみに、もう一言が、「ピャーポくんの件は、やりすぎですね」で、最後の一つは忘れた。

掲載誌を『週刊ＳＰＡ！』から『ＳＡＰＩＯ』に移してから小林が熱心に取り組んだのが、薬害エイズ問題だった。この問題には、「左」の有田芳生や江川紹子から、今は「右」の櫻井よしこまで関わっていた。当時の櫻井は、日本テレビ平日23時放送『ＮＮＮきょうの出来事』のキャスターで、夜の顔だった。「保守」色を前面に出していなかったが、拉致問題などには関心を寄せていて、「保守」の飲み会では「櫻井よしこって右翼らしいぞ」と名前が挙がる存在ではあった。こういう場合、「保守」は世間の少数派なので、数少ない味方がいるとなると情報は早く正確だ。

ただし、ゴシップに関しては、ほとんどガセネタである。いまだに「保守」の言論人で事あるごとに「櫻井よしこはナベツネ（読売新聞社主の渡邉恒雄）の愛人だからＴＰＰに賛成なんだ」と陰謀論をふりまき、「だからうちの番組に出てくれないんだ」と言う者がいる。日テレの関係者に聞いたところ、「ありえない」と一笑に付された。

それはさておき、「エイズは日本では薬害なのではないか。薬害を、役所と製薬会社で組んで隠しているのではないか」と追及する動きがあった。薬害エイズ問題である。そうした運動を行う学生らを小林は支援した。学生らの中心は、後に参議院議員となる川田龍平である。

厚生大臣だった菅直人が協力的だったこともあり、和解にこぎつけた。問題はそこからである。小林が『新・ゴーマニズム宣言』第14章「運動の功罪——日常へ復帰せよ！」を発表したことで、それまでの仲間との決別に至る。副題の通り、学生たちに「日常へ復帰せよ」と呼びかけた。これは当時、「14章問題」と呼ばれた。詳細に関しては、小林の二代目秘書で『ゴー宣』にも「カナモリ」あるいは「ゆりぴゅー」という名前でたびたび登場する金森由利子が、『新ゴーマニズム宣言スペシャル　脱正義論』において判読ぎりぎりの超極小フォントで展開した「カナモリ日記」で内幕を赤裸々に公開している。

小林には毀誉褒貶が多い。私個人、賛同できぬ意見も多い。

しかし、暗殺未遂、身内を標的としたスキャンダル、昨日までの仲間との決別と、明らかに当時の小林の言論は命懸けだった。そうした事実を無視して意見が合わぬからと、敵と認定してすべてを否定するのは、あまりにも不当だろう。そのような「保守」の不当な体質は、昔も今も変わらない。

小林は、「左」の運動と決別して、「右」の運動に参加する。つくる会だ。典型的な「保守」が結集したつくる会に参加した時点で、実は結末が見えていたのかもしれない。

第十節　「つくる会」を西部邁とともに脱退

小林は当初、評論家の西部邁をこきおろしていた。西部が「マンガを電車で読むな」と論じたのに反発したのだが、西部から「電車で」を強調した表現だったと釈明されてから は私淑している。

西部はもともと、東京大学教養学部教授だが、アカデミズムの体質に嫌気がさして退官。評論家に転じている。代表作は、『学者——この喜劇的なるもの』（草思社、一九八九年）。西部が東大を辞める際の内幕本であり、世間に知られた教授たちの生態を実名で暴露している。それ以外に読む価値のある本があるとは思えないが、「保守」の世界では一定の支持者がいる。

言論人として月刊誌『発言者』、次いで隔月刊誌『表現者』を創設、小林も何度か登場している（現在は京都大学大学院教授の藤井聡が『表現者』編集長。西部の教えを受けた大学教員や言論人が執筆）。

西部の評価は多くの人に聞かれることでもあるので、生前に一度だけ会った印象を述べる。端的に言えば、学力が低い。これで終わらせても良いが、一応は証拠を挙げておく。

とあるインターネットの討論番組で同席した際、「世界大恐慌がハイパーインフレで悲惨だったので、ナチスが台頭した」と主張して譲らなかった。世界大恐慌はデフレである。一応は経済学が専門のはずだが……。

それはさておき、小林が当初から、「つくる会」の内紛に嫌気がさしていたのは確かだ。特に、小林の影響力を利用しようとしながら、意に沿わぬと「たかが漫画家が」と見下す態度の「保守」への嫌気は何度も『ゴー宣』に描いている。こうした態度はつくる会主要メンバーの言論人だけでなく、ファンも同じである。

それでも、身を「保守」陣営に置き、『新・ゴーマニズム宣言SPECIAL 戦争論』(幻冬舎、一九九八年)を発表した。第二巻が二〇〇一年、第三巻が二〇〇三年で、シリーズ累計一六〇万部を超える大ベストセラーとなった。

マンガの破壊力は抜群で、多くの若者に影響を与えた。まだまだ「左」の勢力は強大で、テレビなどでは「右」は「やられ役」「イロモノ」としてのみ存在を許されていた状況は、既に書いた。

そして、教科書採択で惨敗するや、小林は西部とともに「つくる会」を去る。八木秀次の教育再生機構にも背を向けた。

小林は二〇〇三年に勃発したイラク戦争をアメリカによる侵略行為だと批判し、日本の妄信的な親米主義を非難して保守と決別する。この立場だと、産経新聞などは、「親米ポチ」である。情緒的な反米を通す西部邁の影響は、明らかに大きい。

それでも、「保守」のチャンネルを標榜して成立したチャンネル桜にも、出演していた。だが皇室問題で、立場を異にする。『ゴーマニズム宣言スペシャル・天皇論追撃篇』（『SAPIO』二〇〇九年八月二十六日号〜二〇一〇年十一月二十四日号）での女系天皇容認論が決定的となり、小林は完全に「保守」から敵視されるようになる。

第四章　拉致と安倍と、「保守」の舞い上がり

第一節　北朝鮮拉致は、都市伝説かSFのような扱いだった

長らく北朝鮮による日本人拉致事件は、都市伝説かスパイ小説、あるいはSFのように語られていた。左派言論が強い時代には、「拉致問題」「拉致事件」と呼ぶことさえ許されず、「拉致疑惑」と呼ばざるを得なかった。ニュースでは必ず、「北朝鮮、朝鮮民主主義人民共和国」と正式国名を言わねばならなかった時代である。

政府認定拉致被害者は十三件十七人。そのすべてが昭和五十二（一九七七）年から五十五年に発生している。闇将軍として政界に君臨していた親中派の田中角栄の傀儡である、福田赳夫・大平正芳・鈴木善幸らが首相時代の事件である。もっとも、それ以前も以後も北朝鮮による拉致は行われているとの説もあるが……。

北朝鮮拉致問題を政治運動として取り上げたのは、現代コリア研究所である。所長の佐藤勝巳と、研究員であった西岡力東京基督教大学教授（現・麗澤大学教授）、荒木和博拓殖大学教授の三人が始めた。三人とも、非自民系の政治活動にも関与していた。佐藤はもともと日本共産党員で、昭和三十年代には在日朝鮮人の北朝鮮帰国事業にも関与している（佐藤勝巳『わが体験的朝鮮問題』東洋経済新報社、一九七八年）。当時の佐藤は、北朝鮮

を「地上の楽園」だと本気で信じていた。しかし、研究するうちに現実の北朝鮮が「地上の楽園」とは程遠いと知るや、彼の地に送り込んだ人達への懺悔の念もあり、共産党を抜ける。そして、「保守」の運動に身を投じていく。

西岡と荒木は、民社協会の出身である。自民党で親中派が勢力を伸ばすのと逆に、政界において「保守」の度合いを強めていったのが民社党であり、民社協会はその支持母体である。「拉致」問題は、最初は非自民系の運動として始まり、徐々に広がっていく。

北朝鮮拉致事件は、当初は誰にも相手にされなかった。我が国の防諜を担う公安筋は早くから事実を摑んでいたが、一般にはまったく知られていなかった。

ちなみに「保守」の飲み会に参加すると、「公安によると……」と裏情報を開陳される場面に出くわすことが多い。しかし、警察庁管轄公安警察の誰かを指すのか、警視庁公安部を指すのか、はたまた公安調査庁を指すのか、よくわからない場合が多い。ちなみに法務省系の公安調査庁の一般的な略称は、「公調」である。こうした区別をしゃべっている本人がわかっていない場合も多い。素人、玄人に限らず。

拉致問題が一般に知られた最初は、産経新聞（当時サンケイ新聞）昭和五十五（一九八〇）年一月七日の「53年夏のアベック連続蒸発　外国スパイが関与か」とのスクープ記事だ。しかし、他のメディアは一切取り上げず、後追いはゼロだった。世間ではまったく話題にならず、唯一注目してくれたのが日本共産党の機関紙『赤旗』だった。この過程は、平成十五（二〇〇三）年に放送されたテレビドラマ『完全再現　北朝鮮拉致…25年目の真実　消えた大スクープの謎！』（フジテレビ系列）に描かれている。ドラマは、『メディアが黙殺した〈拉致事件〉25年間の封印を解く!!――SPA!特別編集ブックレット』（扶桑社、二〇〇二年）が脚本の叩き台になっている。共産党で拉致問題に熱心だったのは、橋本敦参議院議員の秘書を務めていた兵本達吉で、ドラマでは堺正章が演じている。

なお、このドラマで佐藤勝巳は、チョイ役である。

昭和六十二（一九八七）年、金賢姫を実行犯とする大韓航空機爆破事件が発生、教育係として拉致された李恩恵の存在も明らかになるが、一般の反応は「そんなこともあるのか」程度だった。

第二節　「保守」にとって拉致は酒の肴

昭和四十三（一九八八）年三月二十六日、橋本敦議員の質疑に梶山静六自治大臣兼国家公安委員長が北朝鮮による日本人拉致の事実を認めたことで、運動は活発化していく。

活動組織として、拉致被害者家族による「北朝鮮による拉致被害者家族連絡会」（家族会）と「北朝鮮に拉致された日本人を救出するための全国協議会」（救う会）が結成された。家族会の初代会長は横田滋。拉致問題の象徴となった横田めぐみの父である。常に妻・早紀江が付き添っていた。救う会の会長は佐藤勝巳、実務は西岡力が支えた。荒木和博は「特定失踪者調査会」という、政府に認定されていない人を拉致被害者として認定させようという会で、独自に動いていた。インターネット情報としては平成十（一九九八）年から活動開始となっているが、実際はそれより先に動いていた。組織として本格化するのが、その年である。

平成九（一九九七）年には、自民党の中山正暉を会長とする超党派の「北朝鮮に拉致された日本人を早期に救出するために行動する議員連盟」が結成される（小泉内閣の時代に再結成されるので、旧拉致議連と呼ばれる）。だが、中山が同年に平壌を訪問した直後から親北の姿勢をとるようになり、あっという間に拉致議連は機能しなくなった。

時の内閣は橋本龍太郎。院政を敷く竹下登の代理人として、親北朝鮮派の野中広務が睨みを利かせていた。官房長官となっていた梶山のように理解を示してくれる政治家もいたが少数派であり、仮に好意的な反応を示してくれても腰砕けになる政治家もまた多かった。

私が最初に「保守」業界と関わったのは、この頃である。大まかなところは、『バカよさらば　プロパガンダで読み解く日本の真実』（ワニブックス、二〇一九年）に記しておいた。当時大学院生だった私は、扶桑社「嘘だらけ」シリーズに何度も登場する「かねごん君」に誘われ、「北朝鮮に拉致された中大生を救う会」を創設した。代表幹事には、後輩で現役の学生が良かろうということで、四年生だった重城拓也が就いた。ちなみに重城の顔は、蓮池透『奪還』（新潮社、二〇〇三年）が二年後に双葉社で漫画化された際、本物とは別人のように美化されて描かれている。

当時の重城は一年留年しているので、五年生計算だ。普通の大学生は「保守」の活動になど近づく空気ではなかった。特に非協力的だったのが、自民党学生部である。理由は「なんか、怖い」で、彼らは我々を右翼の活動家と間違えていた。

こうして私は「保守」業界に出入りするようになるのだが、議員は拉致議連に見られるがごとくの体たらくであり、活動家たちは集会に集まり、有名人の話を聞いてシュプレヒコールをあげているだけだった。「がんばろー、がんばろー、がんばろー」という、正真正銘のシュプレヒコールだ。シュプレヒコールの音頭取りは、「正論の会」代表の三輪和雄の役回りである。正論の会とは、産経新聞と雑誌『正論』のファン倶楽部である。三輪は今でも「保守」の集会で三十年一日のごとく、シュプレヒコールを上げる係である。

なお、私は「かねごん」に連れられて、正論の会の事務所で三輪に会っている。三輪は活動家にしては冷めた目線も持っていて、ポロリと「いくら運動やっても、横田さん達は返ってこないよな」と呟いた。ちょうど、救う会の活動をあざ笑うかのように、北朝鮮がミサイル発射実験を行うニュースが飛び込んできたので、よく覚えている。一九九八年八月三十一日のことだ。

拉致事件——特に蓮池薫の事案——を広報しようと、私は活動として多くの「保守」の集会に顔を出し、時に懇親会にまで付き合った。そのすべてが不愉快な経験だった。常連とも言うべき同じ顔が並んでいる場合がほとんどなのに気づいて、参加するのをやめた。しかも中身が不毛だった。

ある会では、被害者の一人である久米裕の本名は「ヒロシなのかユタカなのか」などいった議論が延々とされていた。怪気炎の内容もワンパターンである。「憲法を改正して政府が命令してくれれば、俺はすぐにでも平壌に乗り込んでいって助けてくる」と大言壮語する元自衛官もいた。仲間内の酒の席で何を言おうと勝手だが、それを傍で聞かされる拉致被害者家族の心境など考えもしない人たちだった。

結局、多くの「保守」の人たちにとって、拉致問題は活動を広げる素材に過ぎないのである。あるいは、酒の肴か。そうした「保守」に背を向けて、中大生救う会は政府やマスコミへの広報、関係各所への働きかけに徹底した。

我々は主に、横田滋・早紀江夫妻、そして北朝鮮に拉致された中大生である蓮池薫の兄・透とともに行動した。

そもそもが、「かねごん」に正論の会に連れていかれたのが、関わるきっかけだった。この時は蓮池透だけでなく、父も来ていた。拉致議連が中山の不可解な行動による事実上の壊滅状態にあり、頼る相手もおらず途方に暮れているとのことだった。二百人の国会議員にできないことを一大学院生の私に何ができるか。まさに私は、「藁にもすがりたい」の藁だった。

第三節　「保守」に作戦の概念はない

一度、佐藤勝巳に単刀直入に聞いたことがある。

「結局、どうやって被害者を取り返すんですか？」

「輿論を盛り上げるしかない」

「具体的には？」

「武道館に一万人を集めて集会をやる。そうやって、日本国民の力を北朝鮮に見せつける」

「では、それで北朝鮮が返さなかったら？」

「三万人、五万人、十万人の集会をやる」

佐藤は本気で取り返そうと思っていた方だが、それでこの程度である。確かに輿論を盛り上げるのは大事だが、これでは作戦として杜撰すぎる。

業を煮やした私は質問を変えた。当時、家族会や救う会に協力的な政治家は、西村眞悟くらいだったとの前提での質問である。

「西村さん以外に、特に自民党で協力してくれそうな政治家はいないんですか？」

これには即答だった。

「安倍晋三」

当時の安倍には、当選二回の三世議員くらいの印象しかなかった。ただ、佐藤によると安倍は、父・晋太郎の外務大臣秘書官の時から、北朝鮮拉致問題には熱心に取り組んでいたとのことだった。何も知らない私には、あまりにも意外な名前だった。

それはさておき、「かねごん」が私を救う会の活動に引き込んだのは、中大での組織化の為だ。活動の大義名分は「不当に拉致されて学費を払い続けながらも除籍された蓮池薫さんの学籍を回復してほしい」だった。蓮池家は薫が大学三年生の時に突如として行方不明となった後、大学在学期限の八年目まで学費を払い続けていた。活動は難航するだろうと思っていたが、伝手をたどり長内了法学部長に陳情に行くと、あっさりと了承してくれた。「人道的な面から当然だろう」との返事だった。

学籍回復要求と拉致問題の普及の為に蓮池透と西岡力の講演会を予定していたのだが、幸いなことに学籍回復可能の報告会となった。だが、観客は十人。六人は知り合いで、四人は偵察に来たカクマル派だった。今では信じられないが、「保守」の活動など、その程度だった。

ちなみに、これまた今では信じられないが、蓮池透は話下手で「そんなにしゃべれないので」と講演時間を大幅に切り詰めて十分ほどで終わらせた。それは当然で、蓮池は東京電力に勤めるエンジニアであり、弟が北朝鮮に拉致されなければ政治になど関心を持たなかった人だ。「かねごん」が色々とレクをしていた。決してとっつきやすくはないが、物静かで穏やかな人だった印象がある。

第四節　平成十七年九月十七日、この日を境に日本は別の国となった

私個人で言うと、中大生救う会の活動は、重城たち後輩に任せてしまった。横田夫妻や蓮池家と関わることも無くなった。重城から何かと連絡や相談はあったが、それだけだった。ただし関心は持ち、心配はしていたが。

そうこうするうちに、国際政治ではアメリカが民主党クリントン政権から共和党ブッシュ政権に代わり、竹下登死後の権力闘争を小泉純一郎が制した。野中広務ら親中新北派は逼塞していく。拉致問題には追い風となった。

そして、平成十七（二〇〇二）年九月十七日。小泉純一郎首相は平壌に乗り込み、金正日に日本人拉致を認めさせた。

昭和戦後期の左派勢力は、「北朝鮮は地上の楽園だ」と言い張っていた。平成になっても「保守」の訴えは一般には届かず、「拉致は、でっちあげ」「都市伝説」「スパイ小説」「SF」として片付けられていた。ところが、当の金正日が認めてしまった。

最も大きかったのが、圧倒的多数の日本人が怒り狂ってしまったことだ。事実の衝撃は大きかった。それまで左派メディアが言ってきたことが、すべて嘘だったと、日本中に知れ渡った。

テレビは連日、家族会を追った。報道各社に「横田番」「蓮池番」が設置され、日本中が事実を知った。

こうした中で一人の政治家が、英雄となっていく。安倍晋三である。

安倍は官房副長官として小泉に同行し、交渉で主導的な役割を担ったと報じられた。すなわち、「盗聴器に向かってあえて強硬論を吐き、北朝鮮から譲歩を引き出した」との伝説である。現代史の話で検証しようがないが、この伝説が「保守」業界で広がったのは事実である。

第五節　「保守」は蓮池家バッシングをはじめた

家族会は分断された。

北朝鮮が最終的に帰国を認めたのは五人。蓮池薫、妻・祐木子（旧姓・奥土）、地村保志、妻・富貴恵（旧姓・浜本）、そして曽我ひとみの五人である。横田めぐみらは「死亡」と北朝鮮に伝えられたが、後に渡された「遺骨」がまったくの別人のものであると判明する。当然、家族会も救う会も、「めぐみさんらは生きている」と主張し、「全員奪還」を要求する。これは当然である。

曽我ひとみは、政府認定拉致被害者に入ってなかった。荒木の特定失踪者調査会は「政府認定者以外にも被害者がいる」と訴えていたが、それが事実だと証明された。荒木の取材したところを聞いたことだが、「警察は家庭内不和での家出と見做しており、北朝鮮拉致事案とは考えていなかった」とのことである。

かえって苦しい立場に置かれたのが、蓮池家である。

同じ家族会でも、横田家や他の家族と明暗が分かれた格好だ。地村家や浜本家と違い、蓮池透は家族会の事務局長であり、中心人物だった。風当たりが強くなる。

ここで極論を言う。「蓮池薫を取り返すためには、横田めぐみをおとりにする」という作戦もありうるのだ。こういうやり方は、アメリカの社会運動などではザラにあるし、日本でも昔の左翼陣営は平気で仲間を「殉教者」に仕立てて運動を盛り上げてきた。拉致被害者家族にとっても、本来は「自分の身内さえ帰ってくれれば、他の家族などどうでもいい」のだ。

だが家族会は、ほとんど頼る人もおらず孤立する中で、結束を強めていた。家族会には「他の家族などどうでもいい」などと言う人は、一人もいなかった。蓮池、地村、浜本家とて、自分の身内が帰ってこられたのは嬉しいが、他の家族の事、何より北朝鮮に拉致されたままの他の被害者の事を考えれば、複雑な心境だったのは容易に想像できよう。

ところが、この状況で何を考えたのか、「保守」業界は蓮池家バッシングを始めた。

某保守系新聞社の記者は「蓮池薫は北朝鮮の工作員で、実は何度も日本に入国していた」と言いふらし、ある保守系言論人は「蓮池両親は日教組の大幹部なので、返してもらえた」と講演していた。蓮池薫がスパイで何度も日本に帰国していたなど、どのような取材で確かめたのだろうか。仮に事実だったとしても、北朝鮮で蓮池に自由意志も拒否権もあるはずがないではないか。

そんなこともわからないで新聞記者ができるのが、「保守」業界なのである。その手の与太話を喜ぶ読者を相手にしているのだから。

ちなみに、「蓮池両親＝日教組大幹部説」に関しては、さすがに本人には聞けないので、重城に電話した。すると普段は先輩を立てる重城の声が一瞬にして変わり、「先輩もご両親がどんな人か実際に会っているんだから、わかっているでしょう!?」と激昂された。私としては「一応は裏どりしない訳にはいかないので……」と答えるしかない。重城に聞くまでもなく、蓮池の父は書道の先生で、母は平凡な主婦である。

私は中大生を救う会の運動をすぐに離れたこともあり、蓮池薫が帰国してから一度も会っていないし、祝賀会のような催しもすべて遠慮している。だが、無関心だった訳ではない。

「保守」の蓮池家バッシングが度を越えた時には、必ず重城に連絡していた。逆に重城から「あれを何とかしてください」と頼まれることもあった。

蓮池薫帰国後は救う会の幹部が、蓮池家バッシングの先陣を切っていた。曰く、「蓮池家は自分の家族が帰ってきたので活動に不熱心になったし、特に蓮池薫が何も発信しないのはけしからん」と連日のようにブログに書いていた。

現在は当該ブログが削除されているので証拠を提示することはできないので実名は避けるが、故・佐藤でも西岡でも荒木でもないとだけ記しておく。

当時の蓮池薫は、命からがらで帰ってきたところに石を投げられた格好だ。確かに夫妻は帰国できたが、子供たちは北朝鮮にいる。その状況で、北を怒らせる活動をせよと主張しているのが、この幹部氏だ。また、北朝鮮の立場からしたら、「返した人間が批判に回る」では、「返し損」である。常識で考えればわかろう。蓮池家は、黙る以外の選択肢がないではないか。

ちょうど幹部氏の講演会があると聞き、乗り込んでいった。私はその時、三つ質問をしたことを覚えている。

まず、講演が「韓国がどうやって北朝鮮を併合するのか」という話ばかりだったから、「いま韓国はそんな状況なのか、むしろ、北に間接侵略されているのではないか」と質問した。次に、「蓮池さんは日本に帰られてから報道が伝わってきませんけれども、お元気ですか？」と差し込み、最後に「拉致問題で普通の国はどういうような対応をとりますか。いきなり戦争開始はできないでしょうけれども、国際政治に詳しい先生にお聞きします」という質問をした。「総動員令を出します」という立派な答えだった。

二番目の質問で事情を知らない場内は失笑だったが、司会者と本人は顔面蒼白だった。幹部氏、私に〝シメられる〟と思ったのか、その日の懇親会には来なかったはずである。

当時の私は単なる大学非常勤講師だったが、その後に言論人として世に出てからも、重城には「いざという時には蓮池家を守ってください」と頼まれている。

本書では機会があったので「蓮池家バッシングの旗振り役だった某保守系言論人をシメた話」をしたが、普段はこういう話は闇から闇に葬り去っている。

ちなみに、幹部氏は国際政治やインテリジェンスの専門家である。

その後の蓮池透は家族会を追われるような形で辞め、今やリベラル系の活動家として知られるが、こうした背景をほとんどの人は知らないか忘れているのが実情だ。

第六節　安倍支持の「保守」は小泉純一郎を嫌う

民主党の代議士と朝日新聞の記者に同じ質問をされたことがある。「なぜ安倍支持者は、小泉純一郎を嫌うのか」と。現在の小泉こそ脱原発で安倍政権に反対の旗幟（きし）を鮮明にしているが、そもそもは安倍を引き上げたのは小泉である。小泉は自分の政権で安倍を重用し、総理大臣に育てた。小泉から安倍への政権交代は、事実上の禅譲の形である。自民党史に他に例がない。質問は、当然だろう。

小泉は、田中角栄以来の親中派政権が長く続いた中で、久しぶりの親米派政権となった。ジョージ・ブッシュ大統領との関係も良好で、五人とその家族だけとはいえ、北朝鮮拉致被害者を奪還できたのも日米同盟が強固であったからである。などという見方をする「保守」は少数派である。

少なからずの「保守」にとって、小泉は「日本をアメリカに売り飛ばした売国奴」である。小泉政権で常に閣僚だったのが竹中平蔵であり、「小泉・竹中により公共事業削減と郵政民営化が行われ格差社会が生じた」との世界観が一定の支持を得ている。

小泉はアメリカに言われるまでもなく三十年来の郵政民営化論者で著書もあるのだが(『郵政省解体論――「マルチメディア利権」の読み方』梶原一明との共著、光文社、一九九四年、『郵政民営化論――日本再生の大改革!』松沢しげふみとの共著、PHP研究所、一九九九年)、大半の「保守」は目の前の情報だけで判断する傾向が強く、歴史や証拠に基づいて検証する視点には乏しい。

拉致問題で熱心だった平沼赳夫らが郵政民営化をめぐる政局で自民党を追い出され、平沼らまでが「日本を外資に売り飛ばすな」と主張したことも、「保守」の小泉憎悪に拍車をかけた。

確かに竹中は小泉内閣で常に閣僚だったが、小泉の歓心を得る以外に権力基盤が無い。むしろ、そういう自分以外に後ろ盾がない存在だから、小泉は重用したと見るのが政治の常識なのだが、「保守」でそのような思考ができる人は少ない。また、竹中どころでなく重用されたのが安倍であり、「保守」に人気が高い麻生太郎も一貫して要職にあったのだが、そこは見ない。

唯一、「保守」の主張に首肯できる論点がある。小泉内閣の末期、突如として女系天皇論が持ち上がった。女系天皇の容認は、日本の歴史を根本から変えてしまう大事件である（詳細は、小著『日本一やさしい天皇の講座』扶桑社、二〇一七年を参照）。これは、安倍晋三官房長官の説得で撤回された。拉致に続く「安倍伝説」の成立であり、「保守」の期待は高まった。

だが、当時の発言を子細に検討すればわかるが、小泉は話の中身を知らずに女系論に賛成しているだけである。だいたい、安倍の説得で翻意するのだから、小泉が女系論にそれほど入れ込んでいなかったのも分かろう。

第七節 「保守」は四人をのぞいて全員が安倍の敵に

平成十八（二〇〇六）年九月、「保守」の期待を背負って安倍晋三政権が成立した。安倍政権は教育基本法を改正し、防衛庁を省に昇格し、憲法改正国民投票法も制定した。いずれも、「保守」を満足させる政策である。同時に、朝日新聞らリベラル勢力を敵に回す。

一方、公務員制度改革にも手を付けた。特殊法人廃止、天下り禁止、キャリア官僚制の廃止など、官僚機構全体に喧嘩を売っているとしか思えない、本気の改革だった。

本気の改革は、命懸けの抵抗を招く。産経新聞以外のマスコミが安倍内閣の敵に回ったところで、「消えた年金問題」が発生した。社会保険庁の不祥事だったが、多くのマスコミはすべてを安倍内閣の責任であるかのように連日のバッシングを行う。さらに、農林水産大臣が連続して不祥事を起こし、松岡利勝大臣に至っては「現職大臣でありながら自殺」との大事件に至った。

平成十九（二〇〇七）年七月参議院選挙の敗北を機に、安倍内閣は在任一年で退陣に追い込まれた。真の原因は安倍の病気だったが、辞め際の不手際も重なる。安倍個人の責任に帰すのは気の毒な辞め方だったが、とにもかくにも刀折れ矢尽き、内閣は倒れた。

世間には「これだから保守は」の空気が広がった。

さて、孤立無援の安倍内閣に対し、あれだけ期待をしていた「保守」はどのような態度だっただろうか。四人をのぞいて、全員が敵と化した。

当時、安倍をかばっていたのは、中西輝政、西岡力、島田洋一、伊藤哲夫だけであり、この面々が四人組と呼ばれていた。八木秀次を足して五人組と呼ばれることもある。当時、中西は京都大学教授、西岡は東京基督教大学教授、島田は福井県立大学教授、伊藤は、日本政策研究センターというシンクタンクの所長を務めていた。

先陣をきって攻めかかっていったのは櫻井よしこである。『週刊新潮』の二〇〇八年一月三日・一〇日号「『小泉・安倍・福田』3内閣を斬る！」という記事に次の文章がある。経済小説家・高杉良との対談だ。

その安倍さんについて、高杉さんがご著書の中で、政治家としての生命は潰えたと書かれていましたね。その点についての思いは私も分かります。最初は安倍さんの言葉を額面通りに受け止めて、期待していたのです。戦後体制から脱却しなきゃいけない、戦後、アメリカから押し付けられた価値観から脱して、日本人としての価値観に基づいて判断し、行動すべきだと。でも、いざ総理大臣になられたら、それまでおっしゃっていたことと大きく違うことが多かった。どうしてだろうとずっと思っていて、最後は、期待外れと失望感が強かった。

政治の世界の常識では、第一次安倍内閣は「急ぎすぎ」である。むしろ、一年でよくもこれだけの問題に手を付けたと評しても良い。

だが、「保守」の体質は、「待てない」なのである。小泉内閣からだけでも五年、敗戦から六十年、ようやく「保守」が待望した安倍政権なのだから、「すぐにでも憲法九条を改正し、核武装をして、アメリカに張り合える大国になってほしい」との願望をぶつけてしまうのである。

第五章　民主党政権が「ネトウヨ」を生んだ

第一節　チャンネル桜は「ネトウヨ」の最大手ではない

高名な左翼活動家の発言である。

「在特会とチャンネル桜だと、保守の最大手は桜かなあ」

この活動家は、情報収集と分析に定評がある。私の事も調べあげていた。ところが、「保守」業界の分析に関しては、この程度である。今でもチャンネル桜を「ネトウヨ」の総本山と見做していた。根本的に事実誤認をしている。

まず、在特会は「行動する保守」を自称し、いわゆる「保守」とは一線を画している。また、「保守」からも、同じ「保守」とは目されていない。どちらかと言うと、第一章で述べた「右翼」に近い。実際、伝統的な「右翼」と同じく、街宣活動が主体である。チャンネル桜も街宣活動が主要活動の一つなので、「保守」と「右翼」の境界をまたぐ存在であるのは間違いなかろう。

ただし、明確な事実がある。チャンネル桜はかつてはともかく、現在では「保守」業界の最大手のインターネットチャンネルでも何でもない。最古参、最老舗かもしれないが、もはや二番手三番手に転落している存在にすぎない。

現在、インターネットで「保守」的傾向の強い番組を見る層で、『虎ノ門ニュース』よりチャンネル桜を格上にする人間は一人もいない。また、ここは評価が分かれるが、概ね『報道特注』の方がチャンネル桜より格上とされる。何をもって格上格下かも評価が分かれるが、チャンネル桜は動画の再生回数とチャンネル登録者数にこだわっている。それだけなら、ＹｏｕＴｕｂｅｒのＫＡＺＵＹＡが個人で運営している『ＫＡＺＵＹＡチャンネル』は、指標によっては『虎ノ門ニュース』すら凌駕する。あるいは格ならば、櫻井よしこが主催する「言論テレビ」の方が上である。チャンネル桜は確かに一時的に最大手だったが、今やとっくに全盛期をすぎた老舗としての扱いである。

では、「ネトウヨ」の総本山のようなチャンネル桜は、いかにして生まれたのか。

ソ連崩壊が平成三（一九九一）年、小泉訪朝が平成十四（二〇〇二）年。ようやく左派言論の怪しさが一般の日本人に浸透していったが、まだまだ「保守」は少数派であった。そこで、「保守」のテレビ局を作ろうと呼びかけて創設されたのがチャンネル桜である。

呼びかけたのは、映画監督の肩書を名乗る水島総。実際にスタッフを抱え、制作活動もしていたが、一般には全くの無名の存在である。それどころか、「保守」業界でも水島を知る人間は、ほとんどいなかった。水島はそれを逆手に取るかのように、「草莽崛起（そうもうくっき）」を掲げる。「無名だが意識ある大衆が立ち上がることで日本が守れる」と意味する、吉田松陰の言葉だ。水島は他に、「南洲翁遺訓」を掲げることで自分を西郷隆盛の後継者と位置付ける。こうした水島の姿勢に、少なからずの「保守」が共感した。

平成十六（二〇〇四）年、チャンネル桜はＣＳ放送を開始する。水島は「私財一億円を投じた」と喧伝し、「二千人委員会」の結成を呼び掛けた。「月に一万円出す人が二千人いないと成立しないから二千人委員会」との触れ込みである。水島の言う「草莽」である。実際には、一口一万円の「二千口」委員会である。

水島自身の証言によれば《「二千人委員会」というのは、（チャンネル桜のために）月に１万円を出してくれる人達の会。実数は千数百人。時には「１００回分だよ」と１００万円を献金してくれるような人もいる》とのことである（Ｔｗｉｔｔｅｒアカウント「玉蟲＠ＴＡＭＡ６ＳＩ」が二〇一九年四月十日に投稿した裁判傍聴録より）。裁判での証言なので、間違いではなかろう。

水島は後にチャンネル桜のファンクラブ兼活動家の集団として、「頑張れ日本！全国行動委員会」という団体を作り、集金システムを構築している。

チャンネル桜の経営はあずかり知らないが、一般に「保守」の団体の常として、百万円以上の大口寄付者に依存する。畢竟（ひっきょう）、大口寄付者の依頼に、行動が左右されることが多い。理由は以上の如く想像できるが、水島は多くの活動に手を出す。

水島の音頭で毎年何回か、大規模なデモや集会活動を行われる。「NHK解体集会」「韓流ドラマを配信するフジテレビを包囲するデモ」「安倍首相支持デモ」「習近平訪日反対デモ」「漁船をチャーターして尖閣に泳いで渡る」「東京都知事選挙に田母神俊雄を擁立する」「消費税反対の為に水産庁前で抗議集会をして官僚を実名個人攻撃」などである。

移ろいやすいファンをつなぎとめる為に、水島は次々と奇抜な企画を打ち出し続けていく。いまだにチャンネル桜が破産していないということは、一定のファンの支持を獲得しているということの証明であろう。

平成十九（二〇〇七）年にチャンネル桜は、インターネット配信も開始した。これが若いファン層への拡大をもたらした。「ネトウヨ」の誕生である。

だが、まだまだ社会の「サイレントマイノリティー」にすぎなかった。

第二節　女性にも広がる「保守」と「ネトウヨ」

左派の言論の嘘といかがわしさに気付き、「保守」に目覚めた人の中には、女性もいる。当時は、その唯一の受け皿がチャンネル桜しかないに等しい状態だった。だから、チャンネル桜や頑張れ日本の活動が活発化する中で、若者と女性の比率が目に見えて増えた。

別に「保守」「ネトウヨ」に限らないだろうが、日ごろは男性社会のコミュニティーに女性が舞い込むと、珍重される。そうして、親父たちの物知り自慢と説教が始まる。このような人たちは「保守オヤジ」と呼ばれる。「保守」飲み会には、いくつか定番がある。一つは、「中国共産党によるウイグル人の臓器狩り」である。初対面で見ず知らずの人にグロテスクな話をされたら、誰でも目を三白眼にしたくなるだろう。

こういう体質なので、たいていの女性はそこで「保守」の集会に参加するのをやめる。そして、残った女子の少なからずが、「保守オヤジ」化する。

こうした惨状を見かねて、平成二十八（二〇一六）年から三十年にかけて、雑誌『正論』が七回にわたって「せいろん女子会」という特集を不定期連載した。

発言をいくつか抜粋しておく。

講演会で会場に入った途端、聞いてもいないのに話しかけてくる人がいるんですよね。しかも上から目線で、知識を押し付けてくる。私の中でその人が「おじさん」から「オヤジ」に変わる瞬間です(笑)。

集会に参加して保守オヤジの格好を見たときに、「あれ？　パジャマ着てきちゃったの？」「ズボン、ずり落ちてますけど」みたいな人が多くて…。

でも保守系の男性でも、韓国や中国に対して汚い言葉で暴言吐いたりしている「保守オヤジ」は勘弁してほしいっていうか、逆にかっこ悪いって思います。

引用の通りであり、解説は不要であろう。

ただ、この「女子会」に参加した若者がチャンネル桜から出演のオファーが来たら、はしゃぎまわるのが、「保守」の体質なのである。

ちなみに、地上波のテレビでは出演者となるにはプロとしての資格が問われ、一般人が参加する場合は「素人枠」である。ところが、チャンネル桜では玄人と素人の境界は緩やかであるので、一般人がゲストコメンテーターとして時事問題を解説することも日常的である。このような状態は、さすがに『虎ノ門ニュース』や『報道特注』ではありえない。

それどころかチャンネル桜は、他の「ネトウヨ」放送局で「腕から金粉が出る」「握手した人の癌が治った」「死海でモーゼと間違えられた」などの発言を繰り返した挙句にクビになった言論人も出演させるほど、寛大である。

これも水島自身の言葉によれば、「裏付け取材はない。出演者に信頼できる人を選び、その人に任せている」である（前掲Ｔｗｉｔｔｅｒアカウント「玉蟲＠ＴＡＭＡ６ＳＩ」の裁判傍聴録）。

第三節　「ネトウヨ」が最も嫌いな国は韓国

「保守」が期待をかけた第一次安倍政権は、一年であっさりと退陣に追い込まれた。最後は多くの「保守」言論人が、安倍政権に批判的となった。

政権は一年で交代し、福田康夫内閣を経て麻生太郎が総理の座に就く。麻生は、リーマンショックの不手際や、「踏襲」のような初歩的な漢字の読み間違えやカップラーメンの値段を「四百円」と頓珍漢な金額を答えるなどの醜態が祟り、マスコミの好餌となった。こうした中、「保守」の一部が「俺たちの麻生」と麻生擁護の論陣を張る。すなわち、「麻生内閣は、麻生首相が愛国者だったからこそマスコミの偏向報道により潰されたのであり、ネットで真実を知った草の根の我々が応援しなければならない」との主張である。マスコミは嘘つきであり、敵である。敵であるマスコミが麻生を叩いた。ということは、麻生は我々の味方である。こうした意見はインターネットで急速に拡散されていく。こうした論理を主張する人々は、いつしか蔑みを込めて「ネトウヨ」と呼ばれた。「インターネットでウヨクっぽい言動を撒き散らす輩」の略称である。

ただし、ここまでの歴史を追えばわかるように、「ネトウヨ」は必ずしもサイバー空間だけに生息しているのではない。チャンネル桜自体が初めからインターネット放送を行っていたのではなく、社会状況を見て手を伸ばしただけである。また、チャンネル桜の主活動の一つがデモや街宣、その他のリアルでの活動である。

ここで注目すべきは、「ネトウヨ」と呼ばれた人たちは、自分たちを社会の多数派とは思ってはいない。むしろ昭和以来の少数派の意識を引きずり、多数派であるマスコミへの憎悪を駆り立てた。「ネトウヨ」はマスコミに対し、「マスゴミ」とレッテルを貼り返す。

ソ連が健在だった時代、テレビ・新聞・雑誌・書籍の各メディアで「保守」は反撃の手段が無きに等しかったが、インターネットの普及とともに武器を得た。

そこに〝神風〟が吹いた。

民主党政権の失態である。圧倒的多数の国民の期待を背負って成立した鳩山由紀夫内閣には、政権担当能力が欠如していた。そもそも民主党は、「政権交代」だけを旗印に結集した野合政党である。特にその後のビジョンも無く、官僚機構の協力も得られないまま迷走した。景気対策でも明確な成果を出せなかった。そして「外国人地方参政権」を言い出す。

ここに民主党に投票した普通の人が、「保守」「ネトウヨ」に大量流入した。

民主党が主張した外国人地方参政権の主な対象は、在日韓国人である。

ソ連崩壊後も、「保守」はアメリカや中国に複雑な思い（コンプレックス）を抱き続けてきたが、解消する方法を自分では見つけられなかった。だが、民主党批判はバブルの如く膨れ上がる。そこに韓国批判が加わった。

底流は、あった。

戦後日本の言論空間で、韓国は軍国主義の象徴の如く扱われていた。朴正熙（一九六一

～七九年）と全斗煥（一九八〇～八八年）の軍事政権が長く続いたからだった。北朝鮮が「地上の楽園」と賞賛されたのと対である。

それが冷戦終結で「民主化」が進むにつれ、対決姿勢は薄れ韓国自体が容北と化していく。韓国の容北と歩を一にするように、韓流ブームが発生する。そして、二〇〇二年に金正日が拉致を認めてからは、さすがに北朝鮮賛美の言論は影を潜めた。

二〇〇四（平成十六）年にNHKが韓流ドラマ『冬のソナタ』を放映、ブームを起こす。冬ソナに代表される韓流ブームは、韓国のコンテンツ・ダンピングによって起こった。日本のテレビ局は自前で作るより安上がりな韓国ドラマを安く買って放送していた頃だ。この頃になると朝日新聞の韓国批判など、完全に過去の遺物と忘れられていた。

一方で、普通の人も含めて日本人には韓国への怨念はくすぶり続けていた。

明確な契機は、日韓共催FIFAワールドカップだ。共催の決定は一九九六年、二〇〇二年に開催された。サッカーファンは、「スポーツナショナリスト」「四年に一度の愛国者」などと自嘲するのが普通だが、日韓共催はその普通の人をも怒らせた。そもそも日本単独開催で本決まりであったし、実際に開催された際の韓国のマナーの悪さも反感に拍車をかけた。だが受け皿はなく、反韓は明確な勢力にはなっていない。

それでも、単発的な動きは存在した。

例として、韓国生まれの日本学者である著者による、呉善花（オソンファ）『私はいかにして「日本信徒」となったか』（ＰＨＰ研究所、一九九九年）や、全四巻を数え、三十二万部の大ベストセラーとなった山野車輪『マンガ 嫌韓流』（晋遊舎、二〇〇五年）などが挙げられる。

呉は「ＰＨＰ文化人」の傾向が強く「保守」とは言い難いが、韓国出身者の韓国批判本を書いたことで、「保守」「ネトウヨ」からも尊敬を受けている。『マンガ 嫌韓流』は一大ブームを起こしたが、山野はプロとしての活動が活発ではなく、「保守」「ネトウヨ」のメインストリームとは言い難い。

朝日新聞が親韓に傾斜するにつれ、「保守」の側で韓国への反感が強まる。そうした潮流が爆発し、受け皿となったのがチャンネル桜である。

水島は韓流ドラマを放送するフジテレビを左翼だとして敵視し、二〇一一年には突然としてフジテレビにデモを仕掛けた。言うまでもなく、フジテレビは「保守」にとっては味方のはずである。だが、「保守」は論理で生きているのではない。情緒で動くのだ。

これでチャンネル桜は支持者を増やしたのだから、商売として成功との評価もできる。

第四節　サイレントマイノリティーからノイジーマイノリティーへ

二十一世紀になっても「保守」は単なるサイレントマイノリティーだったが、今や平成の「ネトウヨ」はノイジーマイノリティーにまで成長した。そして、かつての昭和の「保守」とは明らかに変質する。

長らく「保守」は、朝日新聞に代表されるマスコミに弾圧されてきた。少なくとも、彼らの被害者意識は強い。そこに民主党政権が外国人参政権、つまり在日韓国人に特権を与えようとしていると感じた。これは「在日特権」と呼ばれる。

結果、「ネトウヨ」の三大標的となったのが、朝日新聞と民主党と韓国である。

一時期、嫌韓本ブームが発生した。「韓国の悪口さえ書けば何でも売れる」という時代である。出版超不況に、「超」がいくつ付くかわからないほどの慢性的な不況と化した出版界は、飛びついた。売れた理由は、コンプレックスに訴えかけたからである。

敗戦以来の「保守」は、いくつかの外国に対するコンプレックスにさいなまれた。

第一が、アメリカコンプレックスである。自分たちを戦争で負かし占領し、原爆のような非人道兵器で虐殺までされた。ところが、そのアメリカに国を守ってもらっている。

第二が、ソ連コンプレックスである。これはソ連本国が消えてくれたことで、解消した。第三が、中国コンプレックスである。アメリカは憎いが、中国につく訳にもいかない。ところで米ソ中の共通点は、戦後日本よりも大国なことだ。米中に対しては色々な思いがあるが、現実には大国だからあきらめる。しかし、韓国だけは格下の小国だとの思いが強い。そんな韓国にまで足蹴にされるのは許せない。「他の誰に負けても、貴様だけには負けない」との情念が嫌韓本ブームの原動力だ。その種の本では、いかに口汚く韓国を罵るかが競われているかのようだが、こうした長く積もった怨念がニーズなのだから、多くの著者は売るためにそれに応えようとしただけだ。

事実関係にこだわらないのも、昭和の「保守」には見られなかった、「ネトウヨ」の特徴だ。「ネトウヨ」は敵対する人物、特に政治家を「在日」認定する。この時代から今に至るまで「韓国人」は罵倒語である。「韓国人のような奴だ」「韓国に奉仕する売国奴だ」の意味に留まらず、本当に「あいつは韓国人だ」と言い出す。集会で、「民主党の幹部は全員が在日韓国人」と書かれたビラがまかれるのも、日常茶飯事だった。こうした中傷に業を煮やした土井たか子や福島瑞穂は裁判に訴え、それぞれ二〇〇九年と二〇一九年に名誉毀損の裁判に完全勝利している。だが、それくらいでひるむようでは「保守」「ネトウヨ」ではない。

東京都知事選では、対立候補となった細川護熙を「在日」呼ばわりした。さすがに、細川はたいていの日本人より名門であるので「保守」「ネトウヨ」も、細川が在日ではないと認めたが、そうなると自分が細川を在日認定した事実を忘れるだけである。

鳩山由紀夫内閣は、外国人参政権法案を通せなかった。それどころか、内閣は与党内の権力闘争で自壊する。内閣を継いだ菅直人は参議院選挙で完敗し、ねじれ国会で苦しめられ何もできない。そうしたところに東日本大震災が重なり、惨状と化した。「史上最悪の民主党政権」の記憶を、多くの日本人に残した。チャンネル桜は、ほぼ毎日、民主党への罵倒を続けた。『正論』『Ｗ・ｉＬＬ』のような、「保守」系雑誌も同一論調である。『正論』『Ｗ・ｉＬＬ』の執筆者がチャンネル桜に出演するようになり、業界全体が勢いづいた。

何のことはない。あまりにも無能な民主党政権が、チャンネル桜に代表される「ネトウヨ」を生み出したのだった。

第五節　実力が無くても世に出られるのが「ネトウヨ」の世界

実は水島に、言ったことがある。

「水島さん、桜の今があるのは、中国と民主党のおかげですよ」と。

菅内閣の時代に、中国の漁船が尖閣諸島に押し寄せてきた。内閣の対応は混乱し、弱腰の対応であることが明らかになった。

中国批判も「ネトウヨ」に追い風となった。

そして長引く不況も梃子にした。

チャンネル桜は、創設期には小林よしのりや桜井誠とも蜜月だったが、喧嘩別れのような形で決別した。しかし水島は、そのような人間関係を気にする人物ではない。「出たい者なら、誰でも出してやる」が信条である。「保守」的な言動の人物ならば、誰でもと言って良いくらい重用する。多数派を形成するには質に、特に言論の質になどこだわるべきではないが、その意味で水島はリアリストだった。

そうした水島の眼鏡にかなった代表が、中野剛志である。

二〇一一年、中野剛志の『TPP亡国論』（集英社）が出版される。前年に菅内閣が参加検討を表明していた、TPP（環太平洋パートナーシップ協定）への警鐘だ。中野は経済産業省の現役官僚であり、同書は休職扱いで京大に国内留学しているときに書かれた。中野は、同じ経産省の宗像直子を名指しで徹底的に批判した。

中野は『ＴＰＰ亡国論』で、「自由貿易を続ける限りグローバリストによって日本はアメリカに再占領される」と主張する。ただし、その「再占領」という状態がどのようなものであるかは、どこにも説明されていない。

今となっては、何がどう「亡国」なのかは不明だが、とにかくチャンネル桜は何度も「ＴＰＰ亡国論」を吹聴した。水島は討論番組でＴＰＰ賛成派も呼び、「国論を二分する」「亡国最終兵器」などと煽りまくった。この辺りは、明らかに絶頂期の田原総一朗の手法そのものである。水島のやっていたことは「よくあるテレビ的手法」なのだが、問題は楽屋裏を知らない視聴者である。

多くの暴露本が出版されている今、プロレスは台本があるショーだと知れ渡っており、子供でも真剣勝負だと思う者はいない。同じように、田原総一朗が『朝まで生テレビ！』の討論で正しい結論を導き出し、社会を善導しようとしていると信じる視聴者など、よほどの純粋な子供であろう。ところが、チャンネル桜の視聴者たちは、その「よほどの純粋な子供」なのである。

憲法や歴史問題などを年寄りが何十年一日のごとく語るだけだった「保守」の業界で、経済を持ち込んだ中野は新鮮に映った。しかも舌鋒鋭いなどという次元を通り越して、上司に当たる人物への人身攻撃である。子供のように純粋な視聴者には、己の保身をも顧みず正義の為に悪の上役と戦う若者と映った。

休職期間を終えて本省に引き揚げチャンネル桜に出演しなくなった中野に代わり、水島はエピゴーネンのような「経済を語れる若手保守」を次々と登場させる。

中には一介の中小企業診断士で経済の専門家でも何でもない、「便所の落書き」と評されることも多いインターネットの巨大掲示板である2ちゃんねるに匿名で韓国経済の分析を書き込んでいた素人を出演させる。あげくは妻へのＤＶ事件で警察に逮捕され（報道によれば常習）、ラジオや大手出版社など表舞台での仕事をほとんど失うような人物でも、チャンネル桜など一部の「ネトウヨ」は見捨てていない。

そういう世界なのだ。

第六節　伝統的「保守」の安倍待望論とリフレ派経済学の連結

世に蔓延（はびこ）る誤った言論に憤っていた人物がいた。経済評論家の上念司である。

私とは、中央大学の弁論部辞達学会の先輩で、私が一年生の時の四年生である。今では「保守」言論人の代表格の一人と目されているが、本業は投資家であり実業家である。当時は、テレビの人気コメンテーターだった勝間和代のマネージャーだった。

上念は、独学でマクロ経済学を研究していた。読書と多くの学者のセミナーに参加して質問攻めにする、を繰り返す手法である。独学ではあったが、正統な経済学を身につけていた。上念はリフレ派のエコノミストとして売り出していくこととなる。その上念は、長引くデフレ不況と無策の政治、そして誤った言説に憤っていた。

誤った言説には二種類ある。

一種類は、デフレ下において金融緩和を行わず、増税を強行しようとする、当時の日銀や財務省に阿諛追従する言説だった。

もう一種類は、そうした阿諛追従言論への間違った批判である。「金融緩和は効かない」「財政出動以外にデフレ脱却の道はない」「麻生太郎内閣は素晴らしかった」等々。このような論者が「リーマンショック時の麻生内閣は、歴史的な財政出動をしたので世界から評価されているのに、日本のマスゴミが貶めている」と主張する時点で、誤りは明白だろう。そんなに素晴らしいのなら、なぜリーマンショックと何の関係もない日本が、世界で最も悲惨な不況に陥ったのか。こうした素人経済学を振りかざす人間が、「作家」「経済評論家」などと名乗れるのが、「ネトウヨ」の世界だった。

この種の論者は、「デフレ期の増税はさらなる不況を招く」「財務省が主張する日本の借金とは、政府の借金の事」などと部分的には正しいことを言うので、なお質が悪い。

だが、日銀・財務省の御用言論人の勢力はあまりに強大だったので、部分的にでも正しい（たとえば増税反対など）言論には目をつぶらねばならなかった。そうした同床異夢の場が、ネットではチャンネル桜であり、雑誌では『ＷｉＬＬ』だった。

こうした状況下で私は、上念に言論人の道を勧められる。「実力不足」を理由に渋る私に、上念は「実力が無くて売れている人間など何人でもいる！　勝負してみろ」と、強く励ましてくれた。

私は、論壇デビューが作家・竹田恒泰との対談「Ｎスペが躍起になった帝国憲法悪玉論を排す」（『正論』二〇〇九年七月号）である。これは私が、竹田主催の竹田研究会に出入りしていたことから実現した。どちらかと言えば私は従来の「保守」に寄っており、実際に大学院でも憲法や歴史が専門だ。そうした私に上念は、「経済を語れないと、経営者やビジネスマンに相手にされないから、きちんと勉強するように」と指導され、実際に一か月間で課題図書を読破した。

そうすると、従来の「保守」にいかに経済の視点が欠けているかが見えてきた。たとえば、第一次安倍内閣崩壊の原因を経済の視点で語った論者を、当時は見たことが無い。第一次安倍内閣の一年間は、小泉内閣で回復軌道にあった経済が後退局面に入っていた時期である。もし、景気が絶好調でも安倍おろしが成功しただろうか……。そうした視点は「保守」の論客には皆無だった。

一方で、リフレ派の弱点も見えてきた。

リフレ派の総帥とも言うべき岩田規久男学習院大学教授（後に日銀副総裁）は、二十年近くも正論を唱えていた。

その正しさは、歴史的事実である。第二次安倍政権は岩田の理論通りにリフレ理論を実行し、景気は爆上げとなった。しかし安倍内閣は、岩田の忠告を聞かずにデフレ脱却前の消費増税を行い、景気回復を頓挫させた。

岩田以下リフレ派の正しさが証明されるのは後の話として、私は疑問を抱いていた。「なぜ、このように正論を唱えているのに、一向に通らないのだろう」と。

そして結論は、「正しい政策を実現するには、政治で勝たねばならない」だった。それは、民主党政権では、ありえない。

当時の政界を睥睨して、首班たる人物は、安倍晋三元首相しかいない、と見做した。言うまでもなく安倍は、「保守」の旗印である。「保守」とリフレ派の結合こそ必要だと、私は考えた。

これに上念も賛同、二人は「安倍救国内閣」の方向で動くこととなる。

第七節　第二次安倍内閣と「保守」の本質

第一次内閣退陣後の安倍晋三は、世間的には「お腹が痛いと言って辞めた総理大臣」だった。だが、「保守」言論人の間では、一部には批判的な意見もあったものの、「保守」をまとめる旗印は「安倍さんしかいない」が大勢だった。

平成二十四（二〇一二）年、安倍は自民党総裁選挙に勝利し、ほどなくして首相に返り咲く。解散総選挙になった直後に「白川日銀総裁に金融政策の変更を迫る」と宣言した。この直後から株価は爆上げ、政権発足直後に白川の辞表を取り上げ、黒田東彦総裁と岩田規久男副総裁を日銀に送り込む。そしてリフレ理論の通りに金融政策を実施、「黒田バズーカ」と言われる金融緩和を行って景気が回復軌道に乗るのと比例して、支持率も向上。東京都議会議員選挙と参議院議員選挙にも圧勝した。そして、内閣法制局長官人事にも介入する。戦後歴代総理の誰もなしえなかった快挙であった。

だが、勢いもここまで。平成二十五（二〇一三）年十月一日、安倍は消費増税を宣言する。安倍内閣の支持率は、景気回復によって支えられている。それをデフレ脱却前の増税など、景気回復を腰折れさせるに決まっている。だが、財務省の圧力に屈した。

その後の安倍内閣は、蛇行運転を続ける。

消費税八％が導入された平成二十六（二〇一四）年四月から景気は悪化。秋には一〇％への増税が予定されていたが、延期。日銀が黒田バズーカ第二弾に当たるハロウィン緩和を行ったこともあり、景気は緩やかな回復軌道に戻った。平成二十八（二〇一六）年には再び消費増税を延期したことで緩やかな景気回復は続いたが、政権発足当初の勢いを取り戻すことは二度とできなかった。そして、令和元（二〇一九）年十月一日、とうとう消費税は一〇％に引き上げられたところに、コロナ禍が重なった。

この間に安倍内閣は、明治の大宰相である桂太郎をも超える憲政史上最長政権となった。だが、日露戦争に勝利した桂と比較するまでもなく、安倍は何ひとつ実績を残せなかった。「戦後政治の総決算」と大見えを切りながら何ひとつ「保守」らしい実績を残せなかった中曽根康弘ですら、三公社民営化（ＪＲ、ＮＴＴ、ＪＴの創設）という教科書に載る業績があるのに……。安倍は政権返り咲きの際に「戦後レジームからの脱却」を訴えていたが、いつのまにか口にすらしなくなった。

ちなみに私は安倍が増税を宣言した平成二十五（二〇一三）年十月一日でもって、チャンネル桜に見切りをつけた。また、以後は『正論』からも執筆依頼が途絶える。この二つに何の因果関係があるのか。大いにある。

私が既存の「保守」と絶縁する直接のきっかけは消費増税をめぐる意見の相違だったが、遠因は他にある。この年の四月二十九日、産経新聞は独自の憲法案を発表した。これを私は即日、自分のブログでこきおろした。のみならず、チャンネル桜を通じて、「この案の執筆者五人まとめて相手にしてやるから、一対五でも構わないので公開討論で勝負だ！」と持ち掛けた。そして公開討論は実現し、執筆者から百地章日本大学教授（肩書は当時。以下同じ）と佐瀬昌盛防衛大学校名誉教授、それに何の関係があるのか八木秀次高崎経済大学教授が出演した。ここで私は、大意「全一一七条中、読めるのは二条のみ。他の一一五条は論評に値しない」と罵倒した。どれくらい論評に値しないか。執筆者の誰よりも、私の方が条文を読み込んでおり、問題点を指摘できるのである。執筆者の産経文化人一同、条文の中身などどうでもよく、ましてや本気で改憲を実現して国を良くしようなどと考えていないのである。

この討論の直前の番組で、執筆者の一人である田久保忠衛杏林大学教授が産経憲法案の意義を滔々と述べていた。結果は散々で、当時のチャンネル桜の視聴者からは、産経文化人一同が老害であるとの批判が殺到した。

もともと私がチャンネル桜に出演したのも、『正論』に寄稿したのも、「安倍救国内閣」によってデフレ脱却、そして最後は戦後レジームの本丸である憲法に取り組んでもらいたく、その為の言論活動だった。

久しぶりの「保守」っぽい政権である安倍内閣で舞い上がる、あるいは政権に媚びて商売をしようとする輩とは、同床異夢だったのだ。

狂信的な護憲派は、「日本国憲法を一文字も変えたくない。特に九条は」と考える。同じように、改憲派は「日本国憲法を一文字でも変えたい。特に九条は」と考える。思考回路が同じ穴の狢なのだ。そこで私が「ご老人方は若者は憲法改正に興味がないから愛国心が無いなどと仰るが、デフレで生活が貧しくて憲法どころではない、オタクらの集会に行く電車賃もない若者に向かって愛国心が無いなどと言えるのか」などと反駁しても、概念として想像できないのだ。

こうした「保守」の先輩たちを露骨な態度で小馬鹿にする私は、そもそも異分子であったのだ。決裂は時間の問題だっただけだ。

第八節　田母神事件の真相

民主党政権の三年半の前後、「保守」業界最大のスターは、田母神俊雄だった。

田母神は現職航空幕僚長の時代、「保守」で知られるＡＰＡホテル社長の元谷外志雄が始めた懸賞論文で第一回大賞を受賞した。ところが、その内容が村山談話に反するということで、時の麻生内閣により馘首（かくしゅ）される。

だが、「保守」は田母神を英雄視する。古いファンは、栗栖弘臣の再来に見立てて崇拝した。「保守」の講演会でも引っ張りだこである。のみならず田母神の活動はメジャーにも広がる。一時は『笑っていいとも』などの人気番組にも出演し、時の人となった。

その田母神を多くの人間が利用しようと近寄る。その一人が水島総である。水島は、幹事長として自らが実権を握る頑張れ日本の代表に、田母神を据える。集会で最初に演説するのは、常に田母神だった。

水島は、平成二十六（二〇一四）年の東京都知事選挙に、田母神を候補者として担ぎ出し、自らは選対本部長に就く。結果は六十一万票を超える得票だが四位で落選。善戦だったが、水島ら「保守」の人々は勝利を宣言し、盛り上がった。身内の間で。

なぜ四位で勝利なのか、などと疑問を持つようでは、永遠に「保守」「ネトウヨ」の生態は理解できまい。彼らに論理など無く、情緒でしか動かないのだから。それを言うなら、麻生内閣で馘首された田母神と、麻生太郎御用評論家がチャンネル桜で同席しているのは、どういう論理の整合性なのか。「保守」の観客は、「あの人は保守だから」の一言で、それ以上の疑問を持たない。

さて、「保守」の田母神が選挙に出た。億を超える寄付金が集まった。選挙終了後、水島は、田母神の政治資金団体の口座に残った金を水島が主宰する団体名義の別口座へ移すことを提案したが、田母神はそれを断った。正確に言うと、電車に座っての雑談のようなものだったので、田母神は「なんで」と聞いたら、水島にそれ以上は聞かれなかったとか。

その後、田母神の政治資金に関して、五千万円近い使途不明金があることが発覚した。田母神は内部調査を進めるが、その時の相談役が水島だった。ところが水島は、田母神を横領犯のように扱い、東京地検に告発する。使途不明金の大半は、会計責任者の使い込みだった。連日コリアンパブで豪遊するなどして浪費していた。

田母神がコリアンパブで豪遊していたという噂も流れた。単なる噂だったが。寄付した

「ネトウヨ」にとっては、横領よりもコリアンパブに行った方が許せなかった。韓国は敵だからである。

水島の告発に、検察は飛びついた。「候補者が会計責任者らと寄付金を横領した」というストーリーである。政治の常識で考えて、候補者が選挙資金を差配するなど、ありえない。むしろ、金の差配は選対本部長と会計責任者の裁量であり、候補者が関与するなどありえない。だが、当時の検察はＩＲ事件で名前が挙がった甘利明経済再生担当大臣を取り逃がしていた。元航空幕僚長、普通の国の言い方で言えば、「同時期に一人か二人しかいない空軍大将」である。格好の獲物と言えた。

検察が田母神を逮捕したことで、チャンネル桜で流される水島の主張は、説得力を増した。検察の本音など知ろうともしない、純粋無垢なチャンネル桜の視聴者に対しては。

この如きストーリーが許されるなら、常識に基づいた推理も許されるだろう。「選対本部長の水島は、会計責任者との権力闘争に敗れ、寄付金を取り損ねた。そこで腹いせに告発し、検察が飛びつく大物である田母神を主犯に仕立てた。その際、水島は検察と司法取引をした」云々。

この〝推理〟は「保守」の多くの人が陰で囁いており、「保守」の中でも比較的常識のある人はチャンネル桜を見限った。

当時の「保守」業界の長老と言えば、渡部昇一と西尾幹二だ。二人が「水島君、いい加減にしなさい！」と一喝すれば、田母神は牢屋に送られずに済んだかもしれない。ところが、その二人はと言えば、水島がシンポジウムを開くとなれば、ノコノコと登壇する。平成二十七（二〇一五）年四月、水島の主導で「日清戦争勝利、下関条約120周年国民の集い」が行われ、多くの「保守」言論人が参加した。一般には何の話題にもならなかったこのシンポジウムには、単なる名義貸しや、水島の主催だと知らずに騙されて参加した者もいる。だが、登壇者となった「保守」言論人で、昨日までの仲間の田母神に手を差し出した者はいない。たった一年前には、東京都知事選の「勝利」を祝いあった人間ですら。田母神に手を差し伸べた例外は、既に「保守」へ背を向けていた倉山満、ただ一人。

「保守」を自称する者どもの所業を、見るに見かねたからだ。

第九節　「ネトウヨ」は言論の正当性など気にしない

逮捕直前の田母神と述懐したことがある。

「我々も、反社会的団体に手を貸した過去を反省しなければなりませんねえ」

チャンネル桜に出演したことだ。

　そのチャンネル桜に田母神の支持者が依存し、田母神に塗炭の苦しみを味わわせた張本人である水島総を崇拝しているのが、「保守」の人々の実態だ。それも、ただの田母神ファンではない。水島の告発によって逮捕され、社会的に抹殺されようとしている田母神を支えんと集まった人々が、である。私などが「水島」と呼び捨てにし、悪しざまに罵ろうものなら、「同じ保守の水島さんを批判すべきではない」と言い出す。

　ここに論理らしき何かを見出すとしたら、二つある。一つは、「ネトウヨ」も含めた、「保守」の被害者意識である。事実、戦後日本において、「保守」は左派に対して負けっぱなしであった。だから、社会の少数派である自分たちが仲間割れしてはならないとの意識が強くなるのだ。もう一つは、年功序列である。昭和四十八（一九七三）年生まれの倉山が、昭和二十四（一九四九）年生まれの水島に歯向かうなど許されない。そこに善悪の判断はない。「昭和二十四年生まれは昭和四十八年生まれよりも年上であるので、年下は年上に従うべきである」とのテーゼがあるだけである。もっとも、田母神は昭和二十三（一九四八）年生まれなのだが、そういう事実には目を向けないのが、「保守」なのだ。

　水島やチャンネル桜のファンに限らず、「ネトウヨ」は言論の一貫性や正当性など、一顧だにしない。ここが渡部昇一や西尾幹二のような、従来の「保守」との決定的な違いである。

渡部は長らく社会の少数派であったが、自身の言論を一度も曲げたことはない。西尾は個人としてもつくる会の運動においても、常に先鋭的に論争を挑んでいた。絶頂期の西尾の著作を読めばわかるが、自分の言論の正当性にこだわり続けている。

そもそも立場の左右に関係なく、言論界とは「何十年も一貫した言論を行い続けてきたか」「世の中すべてを敵に回してでも正しいことを言い続けてきたか」によってのみ評価される。渡部や西尾は、その意味において評価されているのであり、決してベストセラーの部数によってのみ大御所に登り詰めたのではない。

ところが、チャンネル桜に代表される「ネトウヨ」登場以降は、質ではなく数のみによって評価されるのが「保守」の業界となった。そして、「ネトウヨ」の世界では、チャンネル桜は独占市場だった。

ただ、さすがに水島の田母神への仕打ちをやりすぎと感じる「保守」「ネトウヨ」も多かった。

そこに、新規参入者が現れた。『虎ノ門ニュース』である。『虎ノ門ニュース』には、かってはチャンネル桜に出演していた、あるいは出演を敬遠していた「保守」言論人が大挙して集結した。

最大手の地位は失われる。

一時は「ネトウヨ」最大手の人気を誇ったのが、平成二十九（二〇一七）年に開設された「文化人放送局」である。看板番組は『報道特注』。地上波のパロディーネーミングを多用するのが特徴である。

自民党の和田政宗参議院議員は文化人放送局の代表的出演者であり、「ネトウヨ」の世界での知名度が全国的になった。平成三十年三月十九日参議院予算委員会で、和田は太田充財務省理財局長（現・事務次官）に対し、「まさかとは思いますけれども、太田理財局長は、増税派だから、アベノミクスを潰すために、意図的に変な答弁しているんじゃないですか」と発言してしまい、太田を激昂させてしまう（翌日、和田が謝罪）。自民党の論理では非常識極まりない言動だが、「ネトウヨ」の世界では「財務省は安倍さんの足を引っ張る敵」である。和田はＮＨＫアナウンサー出身の常識人で、言ってはならないことが何なのかは熟知しているはずだが、毎日のように「ネトウヨ」へのサービス的な言論をしていると、日ごろの癖が思わず出たということだろう。

ちなみに、「ＮＨＫは中国の手先の左翼に乗っ取られている」と信じて疑わない「ネトウヨ」に対して、「和田さんもＮＨＫですが」と言うと、「それもそうか」とおとなしくなる。「ネトウヨ」に対する和田の信頼が絶大ということなのだが、昭和の「保守」の時代以来の「味方か敵か」でしか判断しない習性が残っているということでもあろう。

第六章　天皇陛下に弓を引く「保守」言論人たち

第一節　櫻井よしこのグラビア写真集が存在する

櫻井よしこは、日本テレビ『きょうのできごと』を降板してから、「保守」業界を活動の主軸とし、常に〝トップアイドル〟の地位にある。昭和二十（一九四五）年生まれ。自身のインターネットテレビ「言論テレビ」を主宰し、普段はゲストに「保守」言論人を呼んで対談を行うが、時に安倍晋三や菅義偉のような現職総理大臣や官房長官もゲストに招いている。誰がどう見ても、「保守」業界最大の大物である。

では、どれほどの人気か。

雑誌でグラビア特集が組まれるほどである。まさに、〝トップアイドル〟と呼ぶにふさわしい。

『ＷｉＬＬ』が平成二十七（二〇一五）年に「櫻井よしこグラビア大特集」、『Ｈａｎａｄａ』が平成二十八（二〇一六）年に「グラビア大特集　櫻井よしこの青春」、『正論』が別冊として平成二十九（二〇一七）年に『一冊まるごと櫻井よしこさん。』。

その着物姿がグラビアになり、写真集まで出している。

第二節　『ＷｉＬＬ』の分裂と「保守」のリアリズム

二十一世紀は、前世紀には社会に存在しないかのような扱いだった「保守」が、市民権を得た時代だった。

その中で気を吐いていたのが、平成十六（二〇〇四）年に創刊されたワック社の月刊誌『ＷｉＬＬ』である。初代編集長は花田紀凱（かずよし）。平成六（一九九四）年には、自らが編集長を務める『マルコポーロ』（文藝春秋）にユダヤ人へのホロコーストを否定する論稿を掲載させ、ユダヤ人団体からの抗議で廃刊に追い込まれた事件で、一般にも話題になった。

基本思想は戦後的な「保守」だが、文藝春秋退社後は朝日新聞の契約編集者となるなど、独特のバランス感覚を保持している。『ＷｉＬＬ』編集長としては部数を十二万強に押し上げ、古巣の『文藝春秋』が五十万部強の時代に、「保守」の雑誌を総合月刊誌二位の地位に押し上げた。

ところがその『ＷｉＬＬ』は平成二十八（二〇一六）年に分裂する。花田は『ＷｉＬＬ』の全編集者を引き連れて飛鳥新社に移籍、『Ｈａｎａｄａ』を創刊する。編集長自らの名前を冠した雑誌を創刊できるのだから、相当な個性の人物であるのは容易に想像できよう。『ＷｉＬＬ』分裂は「保守」業界に激震を走らせた。「保守」とは距離を置いていた私の所にも多くの言論人のうわさ話が、次々と飛び込んでくるほどだった。

花田に育ててもらったライターが「これで書く媒体が増えた」と喝さいをあげたとか、その場で別のライターが「あなたは何があろうと『Ｈａｎａｄａ』に行かねばならない立場ではないのか」と糾弾するが、馬耳東風だったとか。中には同じ原稿を『Ｈａｎａｄａ』と『ＷｉＬＬ』に書く者まで出る始末。一方にしか書いていない者は、何らかの素行が原因して、もう一方に書けないだけ。などといった悲喜こもごもが繰り広げられて、今に至る。

そうした「保守」業界の中で、光市母子殺害事件の遺族である本村洋を追いかけた重厚なドキュメントなどで知られる、ノンフィクション作家の門田隆将は別格である。雑談の中で私が、「『Ｈａｎａｄａ』と『ＷｉＬＬ』の両方に書いている人で、仁義を通している人が何人いるのですかねえ」と聞くと、「自分は花田さんにも鈴木さん（ワック社社長）のどちらにもお世話になっているので、何とか和解できないかと自分の呼びかけで一席設けたが、ダメだった」とのことだった。

門田の他に何人が仁義を通しているか、調査していないので不明である。ただ一般に、特にリベラル方面に絶望的なまでに誤解が広がっているが、「保守」は思想でなど動いていない。『Ｈａｎａｄａ』や『Ｗ・ｉＬＬ』、あるいは『正論』で朝日新聞や韓国などの批判をするのは、ビジネスである。そういった悪口を読んで留飲を下げる読者に向けてのサービスであり、ほとんどの執筆者の本音は「自分の言いたいことを言って飯が食えるなら、それでありがたい」なのである。「自分の言論によって社会を善導しよう」などと使命感で言論を行っている者など、極少数である。

繰り返すが、左派言論全盛期に、社会で逼塞して生きるのに精いっぱいだった「保守」が、世の中を良くしようなどと考えるはずがないし、読者も政治にかかわるほど暇ではない。雑誌やインターネットチャンネルで「保守」の論客が左派の悪口を言っているのを見て喜んでいるのは、水戸黄門が悪者を退治したり力道山がシャープ兄弟を空手チョップで倒したりしているのを喜んでいるのと同じで、そこに思想性を求める方が間違いなのである。ちなみに、たとえが古いと思われるかもしれないが、その世代の意識に若い世代も引きずられているのが、「保守」「ネトウヨ」の現実である。

ところで、門田は新潮社の出身だが、「保守」系雑誌の編集者には意外と文春出身者が多い。『Ｗ・ｉＬＬ』から『Ｈａｎａｄａ』に移籍した名物企画「蒟蒻問答」の対談者の堤堯は『文藝春秋』の元編集長であり、コラムニストで芸能人としても知られていた勝谷誠彦も文春で花田の部下だった。『ＷｉＬＬ』現編集長の立林昭彦も文春出身である。これは文藝春秋が『諸君！』という「保守」系雑誌を擁していたこととも関係がある。

この辺りは、現在は『ＷｉＬＬ』編集者の著者による、仙頭寿顕（のりあき）『『諸君！』のための弁明　僕が文藝春秋でしたこと、考えたこと』（草思社、二〇一九年）に詳しい。

ところで、花田編集長による『ＷｉＬＬ』『Ｈａｎａｄａ』には、「保守」の嫌う人物もレギュラーである。村西とおるは「保守」的な思想でもＡＶ監督の経歴が忌避されるし、リベラル思想の漫才師の爆笑問題（太田光）に至っては敵である。分裂騒動後、『ＷｉＬＬ』側はホームページに、「編集の内容でみれば、本来の『ＷｉＬＬ』にそぐわないエンターテイメント系の連載が増えつづけました（ＡＶ監督の人生相談、爆笑問題の対談、等々）」と、村西や太田を名指しで攻撃し、二人を怒らせている。しかし、これは『ＷｉＬＬ』読者の声を代弁しているにすぎない。

ある場で私が「爆笑問題はアウェーの方が、緊張感があって生き生きしているんじゃないですか」と水を向けた時、花田も「読者から、なんであんな奴を使うんだという声もあるんですよねえ」と漏らしたことがある。

第三節　「保守」が誰も信じない日本会議陰謀論

平成二十八（二〇一六）年から翌年にかけて、「日本会議陰謀論」が大流行した。著者は女性への暴行事件で何度もメディアを騒がせる、菅野完。「ｎｏｉｅｈｏｉｅ（ノイホイ）」のハンドルネームで知られた、リベラル系のブロガーだった。菅野完のペンネームで書いた『日本会議の研究』（扶桑社、二〇一六年）は、ベストセラーとなる。そして毎月何冊も題名に「日本会議」の名を冠した本が出版される、「日本会議産業」とも言うべき現象が起こった。そして、「保守」の事情を全く知らない一般の人は、「日本会議陰謀論」を信じた。

曰く「安倍内閣の閣僚のほとんどが日本会議の構成員である」、曰く「日本会議は神社本庁や生長の家など巨大な宗教団体の連合体である」、曰く「日本会議は全国に組織を張り巡らせている秘密結社である」等々。

このような陰謀論など、「なぜ安倍内閣が七年も続いていて彼らの求める憲法改正が一ミリも進んでいないのか」「なぜ日本会議は、一回の参議院選挙で一人しか組織内候補を当選させられないのか」「なぜ日本会議に参加している宗教団体全部を足しても創価学会ひとつの組織力に対抗できないのか」などと答えれば、鎧袖一触である。また、毎週末には必ず全国にある日本会議の支部が「保守」系の言論人を呼んで講演会を行っているが、そのほとんどは観客集めに汲々としている。そもそも、公然結社であって、秘密結社でも何でもない。実際に一回でも足を運んで日本会議のイベントに参加すれば、「陰謀」を企む意思と能力がある組織ではないことは一目瞭然なのだが。むしろ私などは、「日本会議よ、頼むから真面目に陰謀を企んで実行してくれ」と願っているほどだ。

この場合の陰謀とは、文字通りの陰謀である。ユダヤ陰謀論などによくある、「この世のすべてを支配して操る」の意味の「陰謀」ではない。むしろ日本会議に参加する人々のほとんどは、発信者のプロも受け手のアマも、「安倍内閣を応援さえすれば憲法改正にたどり着き、日本が良くなる」と本気で信じている無垢で善良な人々だ。

ただ、菅野が言っていないことまで尾ひれがついて広まった点は否めないし、著者の菅野自身、『日本会議の研究』自体が「日本会議陰謀論」を否定している。同書は無駄にページが多く、怪しげな幻想を振りまいているが、「日本会議は陰謀を企むような組織ではない」と最後には常識に着地している。

幻想が肥大化した怪現象としか言いようがない。

第四節　天皇陛下に弓を引く者を「保守」とは呼ばないはずだが……

平成二十八（二〇一六）年七月十三日、NHK総合テレビの『NHKニュース7』で、天皇が「生前退位」の意向を示していることが宮内庁関係者への取材でわかった、とのスクープが流れた。そして八月八日、ビデオメッセージとして「象徴としてのお務めについての天皇陛下のお言葉」が発せられた。名前は「ビデオメッセージ」と横文字で軽いが、事実上の「玉音放送」である。全文を掲載する。

「平成二十八年八月八日　象徴としてのお務めについての天皇陛下のお言葉」

戦後七十年という大きな節目を過ぎ、二年後には、平成三十年を迎えます。

私も八十を越え、体力の面などから様々な制約を覚えることもあり、ここ数年、天皇としての自らの歩みを振り返るとともに、この先の自分の在り方や務めにつき、思いを致すようになりました。

本日は、社会の高齢化が進む中、天皇もまた高齢となった場合、どのような在り方が望ましいか、天皇という立場上、現行の皇室制度に具体的に触れることは控えながら、私が個人として、これまでに考えて来たことを話したいと思います。

即位以来、私は国事行為を行うと共に、日本国憲法下で象徴と位置づけられた天皇の望ましい在り方を、日々模索しつつ過ごして来ました。伝統の継承者として、これを守り続ける責任に深く思いを致し、更に日々新たになる日本と世界の中にあって、日本の皇室が、いかに伝統を現代に生かし、いきいきとして社会に内在し、人々の期待に応えていくかを考えつつ、今日に至っています。

そのような中、何年か前のことになりますが、二度の外科手術を受け、加えて高齢による体力の低下を覚えるようになった頃から、これから先、従来のように重い務めを果たすことが困難になった場合、どのように身を処していくことが、国にとり、国民にとり、また、私のあとを歩む皇族にとり良いことであるかにつき、考えるようになりました。既に八十を越え、幸いに健康であるとは申せ、次第に進む身体の衰えを考慮する時、これまでのように、全身全霊をもって象徴の務めを果たしていくことが、難しくなるのではないかと案じています。

私が天皇の位についてから、ほぼ二十八年、この間(かん)私は、我が国における多くの喜びの時、また悲しみの時を、人々と共に過ごして来ました。私はこれまで天皇の務めとして、何よりもまず国民の安寧と幸せを祈ることを大切に考えて来ましたが、同時に事にあたっては、時として人々の傍らに立ち、その声に耳を傾け、思いに寄り添うことも大切なことと考えて来ました。天皇が象徴であると共に、国民統合の象徴としての役割を果たすためには、天皇が国民に、天皇という象徴の立場への理解を求めると共に、天皇もまた、自らのありように深く心し、国民に対する理解を深め、常に国民と共にある自覚を自らの内に育てる必要を感じて来ました。こうした意味において、日本の各地、とりわけ遠隔の地や島々への旅も、私は天皇の象徴的行為として、大切なものと感じて来ました。皇太子の時代も含め、これまで私が皇后と共に行って来たほぼ全国に及ぶ旅は、国内のどこにおいても、その地域を愛し、その共同体を地道に支える市井の人々のあることを私に認識させ、私がこの認識をもって、天皇として大切な、国民を思い、国民のために祈るという務めを、人々への深い信頼と敬愛をもってなし得たことは、幸せなことでした。

天皇の高齢化に伴う対処の仕方が、国事行為や、その象徴としての行為を限りなく縮小していくことには、無理があろうと思われます。また、天皇が未成年であったり、重病などによりその機能を果たし得なくなった場合には、天皇の行為を代行する摂政を置くことも考えられます。しかし、この場合も、天皇が十分にその立場に求められる務めを果たせぬまま、生涯の終わりに至るまで天皇であり続けることに変わりはありません。

天皇が健康を損ない、深刻な状態に立ち至った場合、これまでにも見られたように、社会が停滞し、国民の暮らしにも様々な影響が及ぶことが懸念されます。更にこれまでの皇室のしきたりとして、天皇の終焉に当たっては、重い殯の行事が連日ほぼ2ヶ月にわたって続き、その後喪儀に関連する行事が、1年間続きます。その様々な行事と、新時代に関わる諸行事が同時に進行することから、行事に関わる人々、とりわけ残される家族は、非常に厳しい状況下に置かれざるを得ません。こうした事態を避けることは出来ないものだろうかとの思いが、胸に去来することもあります。

始めにも述べましたように、憲法の下、天皇は国政に関する権能を有しません。そうした中で、このたび我が国の長い天皇の歴史を改めて振り返りつつ、これからも皇室がどのような時にも国民と共にあり、相たずさえてこの国の未来を築いていけるよう、そして象徴天皇の務めが常に途切れることなく、安定的に続いていくことをひとえに念じ、ここに私の気持ちをお話しいたしました。

国民の理解を得られることを、切に願っています。

要約すれば、「自分は体力の続く限り天皇としての務めを果たすつもりだが、このような形を今後も続けていくことが良いかどうか、皆で話しあってほしい」となる。一言も「譲位」とはおっしゃらなかったが、社会に責任を持つ立場の専門家ならば何を言わんとするか一目瞭然だった。

最初に拝聴した時、不肖倉山は「皇室と国民の絆を守るために、どうすれば良いかを考えてほしい」と受け止めた。「皇室と国民の絆」とは、戦前日本の言葉では「国体」である。戦前最高の憲法学者であった佐々木惣一京都帝国大学教授は、「国体とは皇室と国民の絆である」と弟子たちに伝えていた。

この精神こそが、「 」がつかない日本本来の保守である。

いかに無学文盲な「保守」「ネトウヨ」の言論人であろうとも、この程度の理屈はわかるはずだろう、と油断した私が甘かった。

国民のほとんどにあたる八～九割は、「譲位」に賛成した。明確な反対は数％だった。敗戦時、「皇室に反対するものなど、よほどの変わり者か共産主義者だ」と言われた。ところが敗戦後七十年以上も立ってみると、日本共産党すら「天皇制廃止」の旗を降ろした。

「天皇制などという用語は共産党の造語だから使うな」と絶叫していた書誌学者の谷沢永一が見たら随喜の涙を流すはずに違いない光景だ。

では、どこの誰が陛下に盾突いたのか？

「保守」と「ネトウヨ」である。しかも、その中に生前の谷沢の盟友だった渡部昇一までいた。

そして「保守」のお歴々が、一斉に天皇陛下への批判の矢を放つ。

文学者の小堀桂一郎は、「事実上の国体の破壊に繋がるのではないかとの危惧は深刻」と鏑矢を放つ（『産経新聞』七月十六日）。

法学者の百地章は、「摂政を置けばすむ」「皇室典範改正は一時的なムードや私的感情だけで結論を急ぐようなことは慎むべき」と各メディアで話した。

『ＷｉＬＬ』九、十月号には、続々と批判文が寄せられた。

最も激烈だったのが比較文学者平川祐弘で、日本国憲法と外国の皇室の二つのみを引き合いに出して、譲位反対論をぶち上げた。日本の歴史など、顧みる必要が無いとばかりに。

渡部昇一は、「皇室の継承は、①「種（タネ）」の尊さ、②神話時代から地続きである――この二つが最も重要です。歴史的には女帝も存在しましたが、妊娠する可能性のない方、生涯独身を誓った方のみが皇位に就きました。種が違うと困るからです。たとえば、イネやヒエ、ムギなどの種は、どの田圃(たんぼ)に植えても育ちます。種は変わりません。しかし、畑にはセイタカアワダチソウの種が飛んできて育つことがあります。畑では種が変わってしまうのです」と、天皇を植物に例えて批判した。

漢学者の加地伸行大阪大学名誉教授は、「両陛下は、可能なかぎり、皇居奥深くにおられることを第一とし、国民の前にお出ましにならないことである。もちろん、御公務はなさるが、〈開かれた皇室〉という〈怪しげな民主主義〉に寄られることなく〈閉ざされた皇室〉としてましましていただきたいのである」と説教を始める。

神道学者の大原康男国学院大学名誉教授は、「何よりも留意せねばならないのは『国事行為』や『象徴としての公的行為』の次元の問題ではなく、『同じ天皇陛下がいつまでもいらっしゃる』という『ご存在』の継続そのものが『国民統合』の根幹をなしていることではなかろうか」とたしなめる。これは、まだ礼節を保っていた表現だった。

八木秀次は同年九月号の『正論』に「天皇陛下は、ご自身が在位されることで迷惑を掛けるとお思いであると拝察するが、国民の一人としては在位して頂くだけで十分にありがたいという気持ちである」と書いた。

櫻井よしこは、八月九日の『産経新聞』で「今回の事柄を、現行の皇室典範の枠の中で改定することを否定されていることも感じた。国民の側としては、よくよく考えなくてはいけない」「政府は、悠久の歴史を引き継ぐ、ゆったりと長い大河の流れを見るようにして、このたびのお言葉について考えなくてはならない。軽々な変化は慎むべきだ」と天皇が歴史を知らずに軽はずみな発言をしたとばかりに、こきおろす。

日本の歴史において、天皇陛下に弓を引いたものを「保守」と呼んだ事例はない。ところが、日ごろは「保守」を自称する者が、一斉に牙を剝いた。

第五節 「保守」が、「天皇は憲法を守れ!」と言い出した

なぜ「保守」が天皇陛下に説教めいた批判を始めたのか。理由は主に三つある。

一つは、学力不足である。天皇陛下個人や皇室に対し敵対的な者は「保守」ではないとの事実を知らないのである。一応、プロでは少なかったが、「ネトウヨ」のファンには多発していた。ましてや、「天皇陛下にモノを申すときは、死を覚悟して諫(いさ)めるときだ」との常識を知るものなど、ほとんどいない。さすがにプロの言論人は私が「天皇陛下にモノを申すということは大変なことですよ」とドスを利かすと、全員が黙ったが。

二つは、「天皇は護憲でリベラル」との思い込みがある。何を根拠に？

平成の御世代わりの際、即位式で「憲法を遵守し」と一言述べたのが、きっかけだ。政治の常識を知る者ならば、「まさか天皇陛下が即位式で憲法改正などと言えるはずがない」と即座に理解できよう。ところが、情緒だけで生きる「保守」は、現実よりも「占領憲法を打破してくれ」との自分の想いを天皇に託す。そして裏切られたと思い込み、愕然とする。そこに「保守」言論人が紙媒体やネットで「天皇は護憲でリベラルだ。その証拠に……」と始めると、それが事実だと認識する。

そして、天皇や皇族への個人攻撃を始める。少なからずの「保守」が、かつては「美智子妃バッシング」に加担したし、今は「秋篠宮家バッシング」に狂奔している。皇室通を自称する外交評論家が、「天皇が『俺は疲れた、休みたい』と言い出すとは何事か。地方行脚だって、テメエが勝手に始めたんだろうが」と後輩の若い言論人に言い出す。それが「保守」の楽屋裏だ。

三つは、「我らが安倍さんに逆らうものは敵」との信念である。どうやら安倍内閣は譲位に反対らしいとの情報が流れると、「保守」言論人は天皇陛下を「安倍首相に逆らう敵」と見做した。そして、あらゆる手段で攻撃を加える。さすがに表媒体だと、歴史にかこつけるなど、「保守」の立場からの諫言を装う。さすがに産経新聞や「保守」系月刊誌の読者は高年齢層が多く、陛下や皇室への直接的な批判は嫌うからだ。

だが、文字や映像に残らない場では遠慮が無い。中には講演で、「天皇は痴呆症だから、あんな馬鹿なことを言い出した」と吹聴した安倍御用言論人もいた。その人物は、有識者会議に呼ばれて、滔々と譲位反対を述べて帰った。他にも聞くに堪えない罵詈雑言をいくらでも並べられるが、自重する。

安倍内閣は、有識者会議を招集した。さすがに天皇陛下が国民の衆人環視でおっしゃったことを覆すこともできず、かつ圧倒的多数の国民が賛成の中では、安倍内閣も譲位に賛成せざるを得ない。問題は、日ごろ政権を支持してくれる「保守」のガス抜きだ。「保守」言論界のおもだった面々を呼んで言いたいことを言わせ、もっともらしい人物に賛成させて「あの人が賛成したので」と幕引きを図ろうとした節がある。政府が「有識者」を招集する場合、本当にその識見を尊重するなどありえず、最初から政府の意向を忖度できる人間だけ呼ぶのは常識だ。ただし、賛否が分かれる問題の場合、一定数の反対派を呼んでおくが、決定が覆らないように最初から調整しておく。

会議では、平川祐弘、渡部昇一、大原康男、八木秀次が予想通り反対。八木は延々と

「天皇は憲法を守れ」との論陣を張った。

ただ、櫻井よしこまでが反対を表明した時には、どよめきが起きたと報じられた（『産経新聞』平成二十八年十一月十四日）。これでは、「保守」の枠で呼ばれた有識者全員が譲位に反対となってしまう。最終的には、百地章が賛成に転じて、事なきを得た。百地は言論人としては譲位反対だったはずだが、政権を窮地に陥れるような真似はしない意味での大人だった。

なお、この年の十一月二十三日にチャンネル桜は「皇室・皇統を考える国民集会」を行った。この日は、皇室において新嘗祭が行われる大事な日である。よりによって「ネトウヨ」の最古参が、この日に「譲位反対集会」を行った。

ここで外交評論家の加瀬英明が先帝陛下について「今の陛下は戦後のお育ちですから、やはりちょっと我が儘がお出になったのだろうと思います」と言い切った。

小著『日本一やさしい天皇の講座』（扶桑社、二〇一七年）は、このような「保守」のあまりの非礼と無知を諭す目的で書いた。

甘かった。あのような書き方の易しい本でも、「保守」や「ネトウヨ」の多くは読みこなせなかったのだから。

第六節　杉田水脈は「保守」業界では常識人

今や「保守」と目される人たちにとっての「保守」の定義は、「安倍さんを応援すること」である。しかし、安倍内閣とて永遠に続く訳ではなく、安倍晋三個人の命も永遠ではない。まさか、安倍内閣が倒れ、安倍首相死しても、「安倍さんを応援すること」が「保守」ではいられまい。要するに、長年虐げられてきた情緒的な人々が、刹那的に舞い上がっているのが、今の「ネトウヨ」が流入して以後の「保守」なのだ。

そして、「安倍さんに盾突くものの悪口を拡散するのが日本のため」と信じている人々も多く、「反安倍」に対する憎悪は目に余る。この人たちに至っては、「反・反安倍」が「保守」の定義なのだ。

そうした中にあって、相対的に常識人なのが自民党衆議院議員の杉田水脈である。

リベラル陣営から仇敵の如く狙われるのみならず、一般からも「炎上商売のネトウヨ」と目されることが多いので奇異に感じる向きも多かろう。また、杉田への批判のすべてが間違っているとは言えない。だが、右の中における相対評価では、杉田は極めて常識人なのである。

まず、私は杉田と知り合って約十年になるが、皇室に対する不敬な言動を一度も聞いたことが無い。また、経歴から「反・反安倍」の「ネトウヨ」と目されているが、それを本人は喜んでいないと言えば驚かれるであろうか。

以下、本人と長い付き合いの私にしか書けない実像を書く。

杉田は昭和四十二（一九六七）年、兵庫県に生まれ、中高一貫の女子校育ち。この頃はいわゆる「特撮オタク」で、非社交的だった。この点で私とは趣味が合い、一九八〇年代の特撮番組に出演していた多くの俳優たちとも交流がある（千葉麗子だけは一九九〇年代に活躍した女優）。

大学卒業後は主に地方公務員として勤務し、結婚して一児の母。社会に関心を持つうちに、渡辺喜美に共感し、みんなの党の候補者となる。しばしば「杉田はもともと保守ではなかった」と評されるが、それは渡辺やみんなの党を「保守」と称するかどうかの基準次第であろう。この頃、地方議員や国政候補者の集まりである「龍馬プロジェクト」という団体があり、私は講師として招かれて杉田と出会った。

平成二十四（二〇一二）年の総選挙では、日本維新の会で当選。みんなの党と維新は提携関係にあったが破談、関西で立候補している杉田は維新に移籍していた。

その後、維新は分裂。杉田は次世代の党に移る。この間の事情は、日本維新の会は「杉田は無礼だ。後ろ足で砂をかけて出て行った」と罵り、杉田も不快感や反発を隠そうともしない。こういうことの常として、どちらの言い分も正しいのだろう。

平成二十六（二〇一四）年の総選挙で、杉田は落選する。私は次世代の党自主憲法起草委員会顧問として党に関わる一方、個人的には杉田を応援していた。この時の次世代の党は壊滅的な状態であり、龍馬プロジェクト以来の仲間たちも全員が落選していた。そこで、ささやかながら手助けしたいが、私は政界の人間でも何でもない。仲間たちが政界に帰って来られるのを手伝うために人生で初めて政治の仕事を引き受けたのであり、同時に言論人として生きていこうとする杉田を応援することとした。

落選前から、杉田は何冊も本を出している。その中で、私との共著は、三冊を数える。『胸を張って子ども世代に引き継ぎたい　日本人が誇るべき《日本の近現代史》』（ヒカルランド、二〇一五年）、『みんなで学ぼう日本の軍閥』（青林堂、二〇一五年）、それに千葉麗子との鼎談の『悲しいサヨクにご用心！』（ビジネス社、二〇一七年）である。

さらに、杉田と河添恵子との共著『「歴史戦」はオンナの闘い』（ＰＨＰ研究所、二〇一六年）も、私の紹介である（同書あとがき参照）。

ここで杉田の引照基準として、言論人倉山満の立場を述べておく。

私が産経新聞憲法案をこきおろし、消費増税問題を契機にチャンネル桜と決別した話は既に書いた。その後は、「教養本を出版する言論人」として活動すると決めた。

私の仕事は三本柱。一つは、教養書の出版。もう一つは、倉山塾の運営。倉山塾とは、「倉山満と帝国憲法を学ぼう」とインターネット上で運営している。別に帝国憲法の条文の勉強だけをしている訳ではなく、取り扱う分野は歴史や経済など幅広く、「学びたい人が学びたいときに学びたいことを学べばよい」との立場でいる。月謝千円とこれ以上低くできない金額だが、「まさか誰も集まるまい」と始めて、かれこれ二千人に達した。売り上げがそのまま収入ではないが、「悪いことをしなくて済む」経済的基盤ではある。悪いこととは、「保守」「ネトウヨ」に媚びることである。

最後が「その他」であり、その中にはインターネット番組『チャンネルくらら』の運営がある。「くらら」とはチャンネル桜に出演していた頃についた私のあだ名である。このネーミングは私ではなく、倉山塾とチャンネルくららを運営する会社（ＥＭＳ）を経営する上念司による。

すべての「ネトウヨ」のインターネット番組は「再生回数」を競っているが、私は「いつまでたっても一万アクセスを超えないのは困る」との最低限の基準だけを設けた。まったく数字にこだわらないと制作が堕落するので、当時のYouTubeで広告がつく最低ラインだけは設定した。ただし、あとは質だけにこだわり、教養市民層の開拓に努めた。

これは出版においても同じで、私の著作には「重版・一万部・次回作」の三つの基準を設けている。扶桑社の作品はすべて「自分の中の三冠王」だが、いつもすべてをクリアできるわけではない。この三つよりも、何より大事なのは「作品の質」である。もし自分が合格最低点を下回る駄作を出した時は、引退の時だと決めている。

以上が七年ほどの、私の仕事である。もともと「保守」ともかかわりがあったので出版社やファンとの関係で完全に切った訳ではなかったが、一歩以上の距離を置いていた。私が杉田に出版の仕事を紹介したのは、「保守」ではない、まっとうな教養人の世界に誘うのが目的であった。そうでなければ、杉田が国政に戻っても日本の為にはならないからだ。そして杉田には、落選した仲間を引き上げてもらわねばならないのだから。

ただ、既に「保守」「ネトウヨ」の世界で名が知られている杉田には、完全にそちらの世界と決別するのは不可能だった。また、そのすべてと決別する必要もない。

落選中の杉田の主活動は、「慰安婦問題における日本の主張を国連に訴えに行く」である。慰安婦問題は、「保守」の数ある一丁目一番地の一つである。女性で国連まで乗り込んで行く行動力のある元議員ということで、杉田は「保守」「ネトウヨ」の世界でアイドル的存在となる。

また、リベラル勢力を「パヨク」と呼び、これでもかと攻撃する姿勢が、一部「ネトウヨ」の熱狂的な共感を得た。「ネトウヨ」は自分たちを「ネトウヨ」と呼ばれるのを、極端に嫌う。差別語だと思っているからだ。そこへ自分たちが敵を蔑む、「パヨク」との武器を得た。この言葉の普及者は、千葉麗子であり、杉田水脈だ。二人と共著を出している私も、普及に協力した。

そうした活動を続けているうちに、杉田に幸運が舞い込んでくる。平成二十九（二〇一七）年秋、安倍首相は突如として衆議院を解散する。そして、杉田に自民党公認の話が舞い込んでくる。

ジャーナリストで「保守」業界の大物の櫻井よしこと、元ＴＢＳ記者でこれまたジャーナリストの山口敬之が、口利きをしてくれたとの話だ。

そして安倍首相の肝いりで、中国ブロックで比例順位優遇。公示日には当選確実の地位を得た。私は「これまでの苦労が報われましたね」と祝福した。

だが、当の杉田は悩んでいた。

第七節 「保守」も「ネトウヨ」も、政治のルールをわかっていない

衆議院が解散し自民党の公認が決まるまで、ほぼ毎日、私と千葉麗子はフェイスブックのメッセンジャーで杉田を励まし続けた。

杉田が、ただ国会議員の地位を欲するだけの愚劣な人間なら、悩むことは何もない。だが、自民党に入れば次世代の党と違って言動は制約される。多くの杉田ファンは「杉田さんが自民党に埋没しては困る」と気をもんでいた。そういう声は即座に伝わる。

それは百も承知の私は、「どうせ自民党では若手議員に発言権なんかないんだから、せっかく頂いた命（議席のこと）。それが嫌なら最初から自民党に入らなければいい。むしろ、自民党に埋没しましょう」と伝えた。

当選時、杉田はちょうど五十歳。十年間で三回選挙を、それも小選挙区で勝ち抜けば当選五回になる計算だ。大臣適齢期になる。

自民党の腐敗、不祥事は後を絶たない。私は当選当日、「とにかく、おとなしくしていましょう。すぐに某選挙区が空きますから」と選挙区名と議員の実名を挙げて進言した。

私の〝予言〟は見事に当たり、その選挙区の議員は不祥事を起こした。もし何もなければ、杉田はその選挙区で公認を得られたかもしれない。

だが、杉田のファンに限らず、一般的に「保守」は政治のルールをよくわかっていない。国会の杉田事務所は「あれをやってほしい」「これをなぜやらないんだ?」との陳情電話が朝から晩まで鳴りっぱなしで、秘書が仕事にならない日もあったとか。そのすべてが、若手議員でなくとも誰だろうが不可能な、「今すぐ中国と国交断絶せよ」式の陳情だ。そして一人の話が長く、自然と拘束時間も長くなる。これでは嫌がらせの抗議電話と同じである。杉田ファンの「ネトウヨ」は善意なのだが、秘書が言を濁すと「じゃあ、今日から杉田の支持はやめる!」と脅し始める。この人たちはパーティー券の一つでも買ってくれるならともかく、フェイスブックやツイッターに「いいね」をつけただけで「俺が杉田を国会に戻してやった」などと言い出す連中だ。

自民党は当選回数至上主義なので、発言権を得るにはある程度の時間がかかるのだが、「杉田さんが力をつけるまで少し待ちましょう」となだめようものなら「待てない!」と激昂する。これが素人のネトウヨならともかく、杉田支持の新聞記者も同じ発言をする。

だからこそ私が傍についていて常識の線から離れないように守ろうとしたのだが、限界はあった。

杉田の致命的な欠点は、「保守」どうしの喧嘩はよくないとの意識が強すぎることだ。これは実は女子校育ちに起因していて、杉田は女子校生特有の「私の嫌いな人と仲良くする人は嫌いといった人間関係」を極端に嫌う。だから、チャンネル桜で収録を終えた後に、田母神俊雄を熱烈に支持するＡＰＡグループの会合に出席するといった、「二股」「八方美人」ととられても仕方のない行動を繰り返していた。

これは杉田に限らないが、チャンネル桜出演者の多くは「水島のような人間と付き合って桜に出てやることが大人の態度だ」と言いたがる傾向がある。たとえば元参議院議員の中山恭子は「なぜ桜なんかに出ているのか」と聞かれて、「すぎやまこういち先生に言われたんで出ているだけです」と日ごろの穏やかさとは別人のような口調で激昂したことがある。よほど後ろめたいのだろうが、当のすぎやまこういち（作曲家）が出演していないのに律義に今もレギュラー番組を持っている。水島の不思議な魅力とでもいうべきか。

別に敵対する双方と関係を維持する行為自体は、仁義を通している限り問題はない。ただし、その相手との関係が自分にとって致命的にならない限り。

第八節　「ネトウヨ」の情緒は強姦も正当化する

当選翌年の平成三十（二〇一八）年、杉田水脈は四回の炎上騒動を起こす。

一回目は、リベラル勢力が発信源の流行語「保育園落ちた日本死ね」に対し、杉田は「保育園に入りたい子供なんかいるのか、みんな、お母さんと一緒にいたいんだ」と反駁した。

二回目は、「どうして反日の学者に科研費が使われるのか」と主張し、物議をかもした。事の是非は問わない。私は政治家杉田水脈の真意を伝える場として、『チャンネルくら』で火消し番組を行った。それでリベラル勢力が納得などするはずがないが、とにもかくにも世間は忘れてくれた。

ただ同じ話を、同時期に杉田が出演した、櫻井よしこ「言論テレビ」は褒めそやした。「文化人放送局」に至っては現職国会議員の出演者に酒を飲ませ、地上波ならば間違いなく放送できない暴言を吐かせるのがウリの番組である。杉田はサービス精神旺盛に答えた。結果、両番組での発言が問題視され、現在裁判継続中である。もちろん、『チャンネルくら』での発言は訴訟の対象にはなっていない。

かくして、「ネトウヨ」に引きずられて炎上し続ける杉田を、私が『チャンネルくらら』を通じて火消しする構図が続いた。

ただし、三回目のやらかしは突き放した。

安倍御用言論人として名を馳せていた山口敬之が、ジャーナリストの伊藤詩織への準強姦をしでかしたとして問題となった。この事件は刑事では不起訴だったが、民事（一審）では事実が認定されている。この件に関し、杉田は山口を庇った。よりによって、イギリスのＢＢＣのインタビューに答えてまで。

過去二回の炎上は杉田の政治信条を尊重した私も、この件に関してだけは「正気ですか？」と問いただした。杉田の答えは、「選挙の時にお世話になったので……」と語尾を濁した。長い付き合いなので、わかる。いくら政権要人に近づいているとはいえ、一介のジャーナリストに過ぎない山口が、杉田の自民党公認獲得に決定的な役割を果たせるわけがない。では、杉田は何故、そこまで山口を庇うのか？　多くの可能性を考えたが、結論は一つしかない。伊藤詩織への憎悪だ。

裁判で認定された事実は簡明だ。ジャーナリストとして仕事を欲していた伊藤は、山口に言われるままに酒席を共にした。伊藤は意識を無くすほど、呑むこととなった。山口は泥酔する伊藤をホテルに運び込んだ。伊藤は「気持ち悪い」などと体調不良を訴え、実際に嘔吐した。その伊藤に対し、山口は性行為に及んだ。その際、伊藤の同意は無かった。よって、裁判所は山口の伊藤への準強姦を認定した（山口は控訴中）。

以上は法律の問題だが、要するに山口は伊藤の同意無くして性行為に及んだ。法律用語において、相手の意識がある時に同意無くして性行為に及ぶことを強姦と呼び、相手の意識が無い時に同意無くして性行為に及ぶことを準強姦と呼ぶ。同じことなのだ。

そして道徳の問題だが、就職相談に訪れた異性を二人っきりで酒席に誘う時点で、マトモな会社ならコンプライアンス違反になる。何より、山口は妻帯者なのだ。娘もいる。

だが、「ネトウヨ」の論理は違う。「伊藤詩織は仕事欲しさに色仕掛けの枕営業で近づいた」「山口さんはハニートラップに引っかかった被害者だ」などと決めつける。「ネトウヨ」にとって、山口は安倍さんに近い味方、その山口を傷つける伊藤は敵なのである。伊藤の支援者にはリベラル系の言論人が揃ったことで、「保守」は結束しなければ！との、身内を結束させる大義名分が発生した。

こうした風潮は、杉田の支持者にも蔓延する。つられて杉田はネット番組で、伊藤をおちょくったイラストを提示されて笑い転げた。迂闊では済まない。

ところが、杉田の姿勢に「ネトウヨ」は喝采をあげた。それどころではない。「保守」言論誌では山口を弁護すべく、伊藤への人身攻撃がなされた。曰く、「伊藤は挑発的な服装、そして下着で山口を挑発した。それが枕営業の証拠だ」「行為はあったが、合意の有無を問題にするのはパヨクの陰謀だ」云々。

ここで「強姦や準強姦に思想の左右など関係なかろう」と諭しても無意味だ。「山口は安倍さんと近い味方、伊藤は敵」以外の結論を、「ネトウヨ」は認める気はないのだから。

そうした人々に囲まれて、杉田も明らかに正気を無くしていた。

見るに見かねた私は、「杉田さん！　今のあなたは、ただのネトウヨ言論人じゃなくて自民党衆議院議員ですよね。ここで山口を庇って政治生命を無くしていいんですか？」と詰め寄った。場所は神楽坂だった。共同講演会の始まる前、控室で二人きりになれる空間なので言える会話だ。ここまで言えば、杉田も我に返る。以後、沈黙してくれた。

杉田が、山口を庇った件は、「パヨク」は騒いだが一般には広まらなかったので、ほどなくして収束した。

ただし、これが終わりではなかった。

第九節　「ネトウヨ」は世界中を敵に回すアブナイ人たち

平成三十（二〇一八）年七月、杉田は『新潮45』八月号に「ＬＧＢＴには生産性がない」との論稿を寄せ、世界中を驚愕させる大騒動となった。

レズ・ゲイ・バイ・トランスジェンダーの、いわゆるＬＧＢＴは子供を産まないので生産性が無い。これは杉田の従来の持論である。従来のとは、チャンネル桜に出演していた時の、である。杉田が八方美人的にチャンネル桜に出演していた話は書いた。「保守」の老舗であり、「ネトウヨ」の総本山である。落選中の杉田としては、無下に敵に回せない。事実、杉田の人気を当て込んで、チャンネル桜はしつこく出演依頼を寄せていた。

そのチャンネル桜はかつての仲間と敵対するや、口汚く罵るのが常套手段である。カルト集団にありがちな傾向だが、最初から敵の団体より昨日までの仲間の方が憎らしい。その中で在特会も、チャンネル桜（と言うより水島総）の攻撃対象となった。

ここに杉田も利用された。杉田は事情も分からず、番組で一般論として「特定の民族を敵視する言動をどう思いますか」と聞かれた。当然、否定し、「許されざるべきこと」と答える（【夜桜亭日記　＃31　ａｆｔｅｒ】水島総が視聴者の質問に答えます！杉田水脈さんも登場！［桜Ｈ28／９／３］）。ところが編集により、在特会を攻撃しているかのように映された。これで杉田は在特会の怒りを買い、集中砲火を浴びる。たまりかねた杉田は、人を辿り私に助けを求めてきた。そして、チャンネル桜と手を切ることとなる。

だが、杉田がチャンネル桜で発言した多くの映像は、残る。これが命取りとなった。

杉田は『新潮45』論稿で、「男女共同参画を進めるあまり、少子化が進むようでは国力が落ちるのではないか」と言いたかったのだが、通じるはずがない。「ネトウヨ」は拍手喝采だが、あまりにも世間の常識とかけ離れている。少なくとも選挙地盤が弱いどころか選挙区すらもらえていない代議士が、あえて書く内容ではない。

既に「パヨク」の世界では「仇敵」「悪役」「炎上芸人」と化していた杉田は、格好の標的となった。これに『新潮45』編集長の若杉良作は、便乗した。翌月号に間に合わず、十月号で、知っている限りの「保守」言論人に声をかけ、杉田擁護の大論陣を張った。

その中で、文芸評論家を名乗る小川榮太郎の論稿が、致命傷となった。小川は、「ＬＧＢＴの権利を言うなら、痴漢の権利も尊重すべきだ」と言い放った。以下原文である。

ＬＧＢＴの生き難さは後ろめたさ以上のものなのだというなら、ＳＭＡＧの人達もまた生きづらかろう。ＳＭＡＧとは何か。サドとマゾとお尻フェチ（Ass fetish）と痴漢（groper）を指す。私の造語だ。ふざけるなという奴がいたら許さない。ＬＧＢＴも私のような伝統保守主義者から言わせればふざけた概念だからである。

満員電車に乗った時に女の匂いを嗅いだら手が自動的に動いてしまう、そういう痴漢症候群の男の困苦こそ極めて根深かろう。再犯を重ねるのはそれが制御不可能な脳由来の症状だという事を意味する。彼らの触る権利を社会は保障すべきでないのか。触られる女のショックを思えというか。それならＬＧＢＴ様が論壇の大通りを歩いている風景は私には死ぬほどショックだ、精神的苦痛の巨額の賠償金を払ってから口を利いてくれと言っておく。

論評する余地のない非常識な発言は、火に油を注いだ。小川の論稿には「志向」と「指向」を間違えるような初歩的な誤りすら存在した。新潮社の校閲は日本一と評判であり、見逃すはずがない。ならば、なぜこのような愚行が見逃されたか。理由は一つしか考えられない。執筆者が「改変は一字一句まかりならぬ。変えるなら原稿の掲載はさせない」と脅し、締め切り間際に代替原稿を編集長が用意しておらず屈した場合のみである。

真相は知る由もないが、小川の駄文は掲載された。そして、世界中に火の手が広がり、杉田が集中砲火を浴びた。小川は安倍御用言論人としてのみ業界で知られた人物、昔風に言えば「院外団」のような人間である。世間に無視された。問題は、代議士の杉田だ。

過去にチャンネル桜で発言した映像が、繰り返し放送され、世界中に拡散された。BBC、アルジャジーラ、あげくのはてには地球の裏のブラジルである。そのすべてが、杉田に批判的だった。既にチャンネル桜とは決別していたが、過去の言説は消せない。そしてチャンネル桜からの離脱後も、同じような価値観を持つ「ネトウヨ」に嫌われまいとサービス的言動を繰り返してきたのも事実だ。それが世界中から糾弾された。

すなわち、日本の「ネトウヨ」は、BBC・アルジャジーラ・ブラジル国営放送と、およそ一致する価値観を有しているとは思えない人すべてから呆れかえられるほど、幼稚なのだ。

もちろん、日本のメディアは杉田を叩く。週刊誌やワイドショーのみならず、NHKまで杉田を差別者扱いした。ちょうど知的障がい者への大量殺人事件があったので、NHKは杉田を犯人と重ね合わせる文脈で報じた。NHKに代表されるメディアは、日ごろは自分たちをマスゴミと罵倒する「ネトウヨ」への意趣返しをしたのかもしれない。

この時ばかりは、日ごろは気丈な杉田が泣きながら「なぜ私が人殺しの差別者といっしょにされなければ……」と電話をかけてきた。私は「ネトウヨなんて地上波に比べれば風の前の塵です。今は塹壕に籠って耐えるしかないでしょう」と言うしかなかった。

杉田の応援団の「ネトウヨ」は、ツイッターなどSNSで反論を続けた。自分たちが蟷螂の斧とは考えもしない。それどころか、このタイミングで伊藤詩織への人身攻撃を激化させた。論外なのは、「事件後の伊藤詩織のカルテ」なる代物を拡散していたことだ。真贋がどうであろうが、そのような行為自体が逆効果であると考えないのだ。

ちなみにすべての媒体での発信を控えていた私は、杉田を熱烈に支持するかつての仲間からも「臆病者」「裏切り者」として糾弾された。だが、そこで連中の妄動に同調する訳にはいかない。

では私はその時、何をしていたか。杉田の秘書や、杉田を本気で助けたいと思う倉山塾生とともに新宿二丁目へ行き、杉田をかばってくれるLGBTの人を探した。

その甲斐もあったか、現在は杉田が政治資金パーティーを開くと、必ずLGBTの人が来るようになっている。

騒動が終わった十一月の話である。とある杉田が理事を務める会で、私は講演をすることになった。この年は明治維新百五十年であり、ちょうど『明治天皇の世界史』（ＰＨＰ研究所）を発刊したこともあり、著書の題名を講演のタイトルにしてもらっていた。その時の、開始前の立ち話である。

杉田「先生、今日は何の話をされますか？」
倉山「明治天皇の話ですが……」
杉田「私の話はしますか？」
倉山「あえて、しないつもりですが……」
杉田「ぜひ、して欲しい話があるのですが……」

そして明治天皇と何の関係もなく、講演冒頭で大意以下のスピーチを行った。

「ここに居る皆さんは一人残らず、杉田さんを応援している人と思います。今年は受難の年でした。最後は世界中から十字砲火を浴びました。かつて悪い人と付きあっていた報いを受けた部分もあります。一方で、不当な攻撃を受けた面もあります。人間のやることに百点も零点もありません。皆さん、言いたいこともあるでしょう。

しかし、ここでＬＧＢＴ問題の是非を言うこと自体が、政治を知らぬ者の言です。

私は日ごろは保守のクセに自民党を批判している人間だと言われていますが、その私が自民党の長所を申し上げます。自民党は何をやっても、三回連続小選挙区で当選すれば実力勝負です。一方、比例で当選した人、特に比例優遇で当選した人には発言権が無いのが、自民党のルールです。今回の杉田さんの最大の落ち度は、比例優遇で当選しながら言論の自由を行使したことです。ＬＧＢＴ問題で杉田さんが正しかったとか間違っていたとかが問題ではありません。本当に言いたいことやりたいことは、小選挙区で三回当選してからにすべき、これが自民党の掟なのです」

ここで、「杉田の主張は間違っている」などと説得して通じるはずがない。応援するなら、せめて自民党のルールを知ろうと呼びかけただけだ。それが良いとは思わないが、現実だ。それどころか、比例の候補で選挙区ももらえていない杉田は、政治生命の危機ではないか。

これを十五分かけて丁寧に説明したが、観客の反応は「杉田さん、間違ったこと言っていないのになあ」だった。

「保守」「ネトウヨ」とは、無垢な人たちなのである。

終章 『ムー』化する「保守」と「ネトウヨ」

第一節 『ムー』と「保守」「ネトウヨ」の類似性

月刊『ムー』は、昭和五十四（一九七九）年に学習研究社から創刊された、オカルトを専門とする老舗雑誌だ。ＵＦＯ、宇宙人、獣人などの明らかに非現実的なテーマから、イルミナティー、ＱＡｎｏｎのような秘密結社、果ては皇室や日本古代史など、陰謀論とＳＦを好む読者の興味を独特すぎる手法でそそる雑誌だ。

ある種の「大人の雑誌」である。だが、楽しみ方を知らない読者が本気にすると、悲劇も生じる。

かつて、オウム真理教の教祖である麻原彰晃が「空中浮揚」を披露し、事実だと信じた上祐史浩のような、後に幹部となる若者の心を魅了した。その後のオウム真理教が次々と反社会的行動を起こし、最後は平成七（一九九五）年の地下鉄サリン事件に至る悲劇は、いまだに日本人の記憶に生々しい。

事実にこだわることなく独特すぎる手法で客の興味をそそる手法を、『ムー』化と名付けよう。そして、今の「保守」「ネトウヨ」は『ムー』化していると断定すれば、果たして言いすぎであろうか。

たとえば、「保守」「ネトウヨ」の言論人の発言を雑誌やインターネットで追ってみるとよい。次のような発言に容易に出くわすはずだ。

・コロナウイルスは中国が開発した生物兵器である。
・世界を支配しているのはディープステートである。
・ロシア革命はユダヤ人が起こした。
・プーチンは反中親日だ。
・金正恩は死んでいる。
・コロナウイルスは正露丸を飲めば治る。

最近の簡単に拾える例だけを集めた。これを『ムー』化と言わずして、何と呼べばよいのか。「保守」「ネトウヨ」の言説は、『ムー』と同じように独特な趣味を同じくする好事家の余興と見做して問題が無いのかも知れない。社会に迷惑をかけねば。

ただ、第二次安倍政権は長すぎた。そして、「保守」「ネトウヨ」が安倍政権を愛するがあまり、言論空間をゆがめてしまった面があるのは否めない。

第二節　検察人事に安倍さんは介入していない？

令和二（二〇二〇）年五月、黒川東京高検検事長がマージャン賭博の発覚で辞職。後任には林真琴名古屋高検検事長が就任、七月の人事で法務・検察トップである検事総長に昇格した。いわゆる、黒川騒動である。

林と黒川の出世競争、そして黒川を巡る首相官邸の法務・検察への人事介入は、五年にも及んだ。この間、林は三度にわたる政治介入で出世を阻止され、そのたびに同期の黒川に先を越された。

黒川は「官邸の守護神」とも呼ばれ、安倍内閣に降りかかった多くの疑獄事件を握りつぶしたとも噂された。その真偽は定かではないが、小渕優子政治資金規正法違反事件、松島みどり団扇配布問題、甘利明UR口利き疑惑、下村博文加計学園パーティー券問題、森友事件（佐川宣寿理財局長ら三十七名の一斉不起訴）など、多くの疑獄が不起訴となってきたのは事実だ。

安倍晋三首相と菅義偉官房長官が黒川を通じて法務・検察を壟断しているとの見方は、五年以上追っている記者たちの間では常識となっていた。そして、令和二年二月七日に定年を迎える黒川の退官で、勝負がつくと見られていた。検察官の定年は六十三歳だが、検事総長のみ六十五歳である。黒川は検事総長になれない限り、法務・検察を去らねばならない。

ところが一月三十一日、突如として安倍内閣は黒川の定年を延長する。あまりに意図があからさまな横紙破りに、世論の批判と野党の追及で国会は大混乱。森まさこ法務大臣に至っては、答弁が崩壊していた。それでも安倍内閣は強行突破を図ろうとしたが、これには日ごろは政治に興味を持たない芸能人までがツイッターで批判の声をあげる。最後は黒川の賭博行為が『週刊文春』（五月二十八日号）に暴露され、決着した。よりによってコロナ禍で政府が自粛要請中に、御用記者と麻雀賭博である。産経新聞と朝日新聞の旧知の記者と、卓を囲んでいた。

首相官邸は人事介入しようにも、肝心の黒川が退職に追い込まれたのでは、打つ手が無かった。法務・検察が望む「林総長」を受け入れざるを得ないのは自然の流れだった。

誰がどう見ても、安倍内閣の弁明しようのない大失態である。

では、「保守」「ネトウヨ」は、どのような反応をしたか。無条件で安倍内閣を支持した。

その筆頭格は、ジャーナリストを名乗る須田慎一郎である。須田は地上波の経歴も長く、

『虎ノ門ニュース』でレギュラーを持つほか、多くの媒体で発信している。須田は、リベラルの論客の江川紹子などからは「麻原彰晃架空インタビュー」をでっちあげた前科があるではないかなどと追及される一方（二〇二〇年五月二十七日　江川紹子・有田芳生ツイート）、「ネトウヨ」のファンからは「オジキ」と呼ばれて絶大な信頼を寄せられている。

その須田が一月三十一日以降、「東京高検の黒川弘務検事長の定年延長が官邸の介入、忖度ではないかと野党や一部メディアが大騒ぎを始めている。検事長人事に介入しているのは官邸ではなく朝日新聞だ。朝日新聞は、林名古屋高検検事長ともたれ合いの関係にある」とインターネットで発言したことで、多くの「ネトウヨ」が一斉に須田の論に乗った。

法務・検察がどのような世界か少しでも知るものなら荒唐無稽としか言いようがない説だが、「ネトウヨ」には関係ない。信頼する「オジキ」が、憎き朝日新聞から安倍さんを守ろうとしているとしか見えない。

ただ、事態が推移するにつれて、いつのまにか「ネトウヨ」の論調は「安倍さんは黒川とは関係ない。安倍さんと仲がいいのは、むしろ林だ」と真逆に変化していった。過去の言動の一貫性を問わないのが、かつての「保守」と断絶した「ネトウヨ」の特徴だ。「ネトウヨ」や今の「保守」は、「安倍さんを応援することが保守」なのだから、その目的に合致さえすれば、論理の一貫性など歯牙にもかけない。

ちなみに須田は、地上波の『たけしのTVタックル』（同年六月二十一日放送）で、「尖閣に関して日中の政府間で、一日四隻の領海内侵入を認める密約があった」「その文書を自分は見た」との発言をし、同席者から呆れられている。その言論は刹那的である。

第三節　総理大臣への御用インタビューの果てに……

そして、「安倍さんを応援することが保守」と信じる「保守」を象徴するのが、櫻井よしこだ。

安倍首相への対談インタビューが、櫻井が主宰するネットチャンネル「言論テレビ」で五月十五日に配信され、月刊誌『正論』七月号に文章で再掲された。その中に、次のやりとりがある。

櫻井　黒川さんについて報道するときに、「安倍政権に近い」といった形容詞が必ずついている。黒川さんが検事長である東京高検の下にある東京地検特捜部は秋元司衆院議員を統合型リゾート施設（IR）疑惑で逮捕しました。約十年ぶりの現職政治家の逮捕でした。ほかにも事務所に捜索が入った国会議員がいました。現職の自民党国会議員を逮捕するということは、必ずしも安倍政権に近いとか、安倍政権に優しいということではないと思われますが、各メディアは「安倍政権に近い」ということを、枕詞のように書いています。

安倍　イメージを作り上げているんだろうと思います。私自身、黒川さんと二人だけでお目にかかったこともありませんし、個人的なお話もしたことも全くありません。私も大変驚いているわけですが、当然いままで黒川さんも検事としても矜持をもって、櫻井さんがおっしゃったような様々な事件の対応をして来られたと思います

このインタビューが配信されたその日のうちに、二〇一八年十二月十一日の「首相動静」が様々なところで紹介された。その日の動静に「16時25分　法務省の黒川弘務事務次官と面会（~16：30）」とあった。

ジャーナリストを名乗る人間が総理大臣に御用インタビューを行ったあげく、夜が明ける前に嘘がバレた。これを「たった五分会っただけではないか」と抗弁するのが「ネトウヨ」なのだが、ならば安倍は「黒川さんと二人だけでお目にかかったこともありません」

などと言わなければよい。彼ら彼女らは、リベラルメディアの嘘には敏感だが、味方の嘘には寛大だ。

そのインタビューを、『正論』は何の反省も無く誌面に掲載する。『正論』は産経新聞の媒体で、現職検事長への賭博接待が暴露されたばかりの時期である。権力を監視すべき新聞が、その権力者と癒着していた。日本では日常的だが、文明国基準においては大問題である。

それでも、いっしょに癒着をした朝日新聞の方は救いがある。朝日新聞は、常に内部で二派以上に分かれて派閥抗争をしている。片一方で取材対象者に食い込んでスクープを獲る記者がいれば、周辺取材で批判記事を書く記者もいる。メディアとしてのバランスは、一応はとれているのだ。

ところが悲しいかな産経新聞は、予算規模が小さい。結果、「権力者と癒着して提灯記事を書く」しかなくなるのだ。それでも黒川騒動に関しては、社説が批判記事を書いていた。リベラル系メディアは「あの産経ですら」と驚いたが、本来は当然だろう。

産経新聞応援団の「保守」「ネトウヨ」言論人は、朝日新聞が慰安婦問題で捏造記事を出したことで「廃刊」を求めた。ならば、黒川騒動での賭博接待で産経こそ廃刊を求められたら、どうする気だったのだろう。

これに対する櫻井よしこの回答がある。

櫻井は『週刊新潮』の自分の連載で、「東京高検検事長の賭け麻雀の相手として、朝日と産経と、どちらの衝撃がより大きいか。産経には申し訳ないが、断然朝日だろう」と書いた（『週刊新潮』二〇二〇年六月四日号「日本ルネッサンス　第九〇三回」）。

現在の「保守」「ネトウヨ」に、「言論の正当性」という概念はない。

第四節　言論とメディアの過去現在未来

江戸の瓦版が、明治時代に新聞となった。やがて、全国規模の新聞も生まれる。大正期には雑誌も多く発刊され、広く読まれるようになった。

それが昭和初期には、「新聞は必ずしも真実を伝えない。加工しない一次情報を伝えるのはラジオだ」と言われるようになった。

だが、大日本帝国を滅亡に追い込んだ昭和戦前戦中期のメディアの狂奔を正当化できないし、その時代に正論を唱えた言論人の無力を語り出したら止まらなくなる。

そして敗戦、占領。今のリベラルの源流である、「革新」「進歩」を標榜する左派メディアが日本の言論界を席巻した。

政界は自民党が常に与党だが、時が経つほどに「保守」からは乖離した存在となっていく。一方で言論界では、昭和の「保守」は負けっぱなしだった。テレビ中心の文化の中で、社会で存在しないかのような存在として扱われた。ここに怨念が生まれる。

ソ連崩壊とともに、ゆっくりではあったが「保守」の逆襲が始まる。平成十四（二〇〇二）年の小泉訪朝で、一瞬にして日本は別の国であるかのような言論状況となった。

また、インターネットの普及で、「ネトウヨ」が登場する。「ネトウヨ」は、「保守」と混ざり合った。

ここで、「新聞やテレビは必ずしも真実を伝えない。加工しない一次情報を伝えるのはネットだ」と言われるようになった。

そして、民主党政権の成立と早すぎる失敗は、「ネトウヨ」に順風となった。出版界とも結びつき、もはや一つの産業となった。

さて、メディアの進歩によって、言論の質は進化したであろうか。

メディアとは、道具に過ぎない。だから、新聞にも雑誌にもラジオにもテレビにもインターネットにも善悪はない。それらを使う人の質がすべてなのだ。

これは一義的には発信者である言論人の責任だ。だが何もしなければ、悪貨は良貨を駆逐する。良き言論人を育てるのは、目の肥えた観客だ。

この七年間、日本には二つの言論しか存在しないかのようだった。一つは「反安倍」、もう一つは「反・反安倍」。前者はリベラル、後者は「保守」、時に「ネトウヨ」と呼ばれる。

だが人間の評価に、ましてや政治家の評価に百点も零点もあるだろうか。基準が安倍晋三に全面的に反対するか賛成するかでは、あまりにも貧困な言論状況と言わざるを得ない。

たとえば、憲法問題である。

集団的自衛権行使の解釈変更が争点となっている時、自民党の支部で講演をしたことがある。その時に自民党改憲案を徹底的に批判したら、朝日新聞の記者が仲間かと勘違いして取材に来た。私の立場は朝日新聞が唱える護憲など論外で、本来の「保守」の立場からの批判だったのだが。平たく言えば、左の朝日新聞は論外、自民党案をもっと右の立場から批判していたのだ。

そもそも、あの集団的自衛権行使の解釈変更は何だったのか。日本に在日米軍基地が存在し、朝鮮戦争以降の多くの戦いで米軍が在日米軍基地を使用して日本が協力している以上、集団的自衛権などとっくに行使しているではないか。これは、右か左かの議論では出てこない。左は「反安倍」、右は「親安倍」で「反・反安倍」の結論から逆算して理屈を組み立てているから、未来永劫、その議論では本質にたどり着けないのだ。

いつまでも安倍晋三個人を軸に、右か左かの議論だけをしても仕方あるまい。右と左の争いを、たまには上から観る視点も必要ではないだろうか。

おわりに

一年前。なぜ、こんな本を企画したのか。常識で考えれば、嫌がる著者に編集者が強制して書かせたと思う企画だろうが、事実は逆である。私の方が出版社に無理を言って、書かせてもらった。

心当たりがありすぎて思い出せないでいる内に、安倍内閣が退陣した。そう言えば、「いいかげんに来年には、安倍内閣も退陣するだろう」と考えて本書を企画したのだと思い出した。

長すぎた安倍内閣の間、主にリベラル方面から、「日本は右傾化している」との頓珍漢な論評がなされてきた。だが現実には安倍応援団、すなわち「ネトウヨ」化した「保守」の面々は、何一つなしえなかった。

令和二年八月二十四日に安倍内閣は、佐藤栄作の最長不倒在任記録を超えて、憲政史上最長の政権となった。その日を境に新聞やテレビは「何一つレガシーが無い」などと嘲笑し、ほどなくして安倍内閣は退陣に至る。歴史家は安倍内閣を長いだけで何もできなかった政権と断罪するだろう。そして、そんな安倍晋三にぶら下がっただけの「保守」「ネトウヨ」など、日本の歴史から忘れ去られるだろう。そもそも活動を知られているかすらも、疑問だが。

結局、リベラルの諸君が語る「右傾化」など、それまでサイレントマイノリティーにすぎなかった「保守」が、一時的にノイジーマイノリティーの「ネトウヨ」と化しただけなのだ。

少なくとも、かつての「保守」には、言論人とは言論の正当性と一貫性で評価される存在だとの矜持が存在した。ところが、「保守」が転じた「ネトウヨ」には、最低限の建前すらない。自分たちの小さな世界の中で、出版の発行部数やＹｏｕＴｕｂｅでの再生回数だけを威張る。質をかなぐり捨て、自分の価値を数だけで判断する。

だが「ネトウヨ」が誇る人気など、風の前の塵に同じだ。「ネトウヨ」を再生回数で一ケタ凌駕する素人ＹｏｕＴｕｂｅｒなど枚挙にいとまがないし、知名度で本物の芸能人に勝てる「保守」言論人など皆無である。

しかも終章で述べたように、検察人事を巡る黒川騒動では、「保守」雑誌や「ネトウヨ」言論人の言い分は完全に崩壊した。今の「保守」雑誌の執筆者や「ネトウヨ」言論人にとって、「安倍首相を応援することが正しい」以外の思考と行動様式はありえない。だから、その安倍内閣が一般常識に反した愚行を犯した際に、応援団が世間から呆れかえられるのは必然であろう。

そもそも彼ら彼女ら全員が束になっても、小泉今日子やきゃりーぱみゅぱみゅ一人の知名度にかすりもしない。それにもかかわらず安倍内閣の不正義を訴えた彼女らに言論の正当性で敗北したら、存在価値など無いに決まっている。

果たして、「保守」「ネトウヨ」を語ることに、何の公益性があるのか。確かに、本書のどのページ、どの部分を取り出しても、公益性は微塵も見いだせない。しかし、それらすべてをつなげると、全体には公益性が発生する。つまり、「保守」「ネトウヨ」について語る行為自体に公益性がないのだ、と理解できよう。

担当である扶桑社北岡欣子さんは、本書が初めての単行本となる。私は業界では女性編集者嫌いで有名なのだが、北岡さんは唯一の例外である。彼女は入社以来、ファッション誌等の営業しかしたことが無く、最初の編集の仕事が『週刊ＳＰＡ！』での私の連載「言論ストロングスタイル」である。まだ編集実務に携わる前、某「ネトウヨ」言論人の〝電凸対応〟が初仕事となった。「皇室の家系図は俺の著作権に属するんだ」「ＳＰＡ！を廃刊にしろ」などの意味不明な咆哮を冷静に処理したのが、「保守」「ネトウヨ」との邂逅である。

本書は彼女のような、「保守」「ネトウヨ」の世界を全く知らない人に向けて書かれている。

というのは、これまで「嘘だらけ」シリーズ以来お世話になっている方々は、「保守」「ネトウヨ」の世界を知りすぎているので、北岡さんの視点が不可欠だったからである。

取材には、『週刊ＳＰＡ！』編集長の犬飼孝司さんにも、立ち会っていただいた。現代史に近づくごとに、犬飼さんにとって懺悔の時間が増えていった。どれほど多くの「ネトウヨ」言論人が、犬飼さんに恩知らずの所業をなしてきたか。

そして倉山工房でお手伝いいただいている尾崎克之さんの、異常なまでのリサーチの速さには助けられた。尾崎さんは「保守」との付き合いは長いが、「ネトウヨ」の汚い仕事を断ち切って、私の仕事を手伝っていただいている。金だけならアチラの方が儲かるのに、ありがたいことだ。今回は練りに練ったので、ボツ原稿は数百枚に達するが、一言も不平を漏らさずに黙々と仕事をこなしてくださっている。熟練の職人かつ魂の仲間だ。

人は一人では生きていけない。そして誰と付き合うかによって、その人の真価が問われる。もし私が世間に評価されるとしたら、それは仲間たちのおかげだ。

最後に。私が考える「保守」の定義は、記しておいた。本書の中で探し出し、考えていただければと思う。

人物索引

【あ】

麻生太郎　24、127、138、149、157
安倍晋三　12、24、86、118、120、128、151、166、184、208、217、218
荒木和博　110、113
有本香　11
石原慎太郎　35、68
伊藤詩織　194、201
伊藤隆　80
伊藤哲夫　129
岩田規久男　151、152
上山春平　30
江藤淳　67、68
呉善花　142
大内啓伍　59
太田充　163
大原康男　179、182
大平正芳　110
小川榮太郎　198
小沢遼子　55
小渕恵三　68

【か】

海部俊樹　76
KAZUYA　94、133
片山哲　17
加地伸行　179
門田隆将　168
金丸信　49
川田龍平　103
菅直人　104、145
岸信介　16、21、22、24、28、49、68
栗栖弘臣　49、156
黒川弘務　210、212
黒田東彦　152
小泉純一郎　23、119、125
河野洋平　76
小林秀雄　68
小林よしのり　71、78、79、93、94、96、101、146
小堀桂一郎　178
小室直樹　47、51、53、54

【さ】

坂本多加雄　78
桜井誠　38、146
櫻井よしこ　71、87、103、129、133、166、180、183、189、193、211、214
佐瀬昌盛　154
佐藤栄作　28、37、218
佐藤勝巳　110、112、113、116
司馬遼太郎　28、32、38、67
島田洋一　129
上念司　38、148、187
菅野完　171
菅義偉　166、208
杉田水脈　184、189、193、197
鈴木善幸　47、110
須田慎一郎　209

【た】

髙橋史朗　71、78
田北真樹子　87
田久保忠衛　155
竹下登　23、59、64、113、119

竹田恒泰 94、150
竹中平蔵 126
立花隆 56
田中角栄 21、23、48、55、56、59、62、64、110、126
谷沢永一 51、178
田原総一朗 65、89、147
田母神俊雄 135、156、192
千葉麗子 185、189、190
堤堯 54、169
土井たか子 144

【な】

中曽根康弘 23、59、60、61、68、153
中西輝政 129
中野剛志 146
西岡力 110、113、118、129
西尾幹二 66、69、71、78、80、84、89、159、161
西部邁 66、69、105、107
西村眞悟 66、117
野中広務 113、119

【は】

萩生田光一 86
橋本敦 112、
橋本龍太郎 114
蓮池薫 115、116、118、121、122、123、124
蓮池透 114、116、118、119、121、125
鳩山由紀夫 140、145
花田紀凱 167
林真琴 208
百田尚樹 10、11、29
兵本達吉 112
平川祐弘 178、182
平沼赳夫 24、68、126
福田恆存 31、32、68
福田赳夫 48、68、110
福田康夫 24、138
藤岡信勝 71、77、78、79、80、89
古谷経衡 93
細川護熙 76、145

【ま】

舛添要一 66、69
丸山眞男 55
三木武夫 48、61、62
三島由紀夫 29、32、33、37、73
水口義朗 89
水島総 133、156、160、197
宮崎正弘 33
宮澤喜一 47、76
三輪和雄 114
村松剛 37、68
村山富市 76
百地章 154、178、183
森嶋通夫 54

【や】

八木秀次 83、85、106、129、154、179、182
山口敬之 189、194
山野車輪 142
山本七平 48、50、52
吉田茂 15、45

【わ】

渡部昇一 47、56、159、161、178、182
和田政宗 162

倉山 満（くらやま みつる）
1973年、香川県生まれ。憲政史研究者。1996年、中央大学文学部史学科を卒業後、同大学院博士前期課程を修了。在学中より国士舘大学日本政教研究所非常勤研究員として、2015年まで同大学で日本国憲法を教える。2012年、希望日本研究所所長を務める。同年、コンテンツ配信サービス「倉山塾」を開講、翌年には「チャンネルくらら」を開局し、大日本帝国憲法や日本近現代史、政治外交について積極的に言論活動を展開している。主著にベストセラーになった「嘘だらけシリーズ」八部作の『嘘だらけの日米近現代史』『嘘だらけの日中近現代史』『嘘だらけの日韓近現代史』『嘘だらけの日露近現代史』『嘘だらけの日英近現代史』『嘘だらけの日仏近現代史』『嘘だらけの日独近現代史』、『保守の心得』『帝国憲法の真実』『日本一やさしい天皇の講座』『13歳からの「くにまもり」』（すべて小社）など

扶桑社新書 351

保守とネトウヨの近現代史

発行日 2020年10月1日　初版第1刷発行

著　　者………倉山 満
発 行 者………久保田 榮一
発 行 所………株式会社 扶桑社
〒105-8070
東京都港区芝浦1-1-1 浜松町ビルディング
電話 03-6368-8875（編集）
03-6368-8891（郵便室）
www.fusosha.co.jp

DTP制作………Office SASAI
印刷・製本………株式会社 廣済堂

Printed in Japan　ISBN 978-4-594-08552-0